# Salamandra no reino encantado
conquiste sua paixão pelo sexo e pela magia

# Salamandra no reino encantado
conquiste sua paixão pelo sexo e pela magia

José Maria Bitencourt

PALLAS

**13ª edição — revista e ampliada**
1ª reimpressão
Rio de Janeiro — 2018

Copyright© 2004
José Maria Bitencourt

Editoras
Cristina Fernandes Warth
Mariana Warth

Produção editorial
Aron Balmas
Silvia Rebello
Rafaella Lemos

Revisão
Diogo Henriques

Preparação de originais
Eneida D. Gaspar

Diagramação
Marcelo Barros

Capa
Leonardo Carvalho
a partir de "The Light of the Hareem" (1880);
de Frederic, Lor Leigton (1830 – 1896)

(Este livro segue as novas regras do Acordo Ortográfico da Língua Portuguesa .)

Todos os direitos reservados à Pallas Editora e Distribuidora Ltda.
Não é permitida a reprodução por qualquer meio mecânico, eletrônico, xerográfico
etc. de parte ou da totalidade do conteúdo e das imagens contidas neste impresso
sem a prévia autorizada por escrito da editora.

CIP-BRASIL. CATALOGAÇÃO-NA-FONTE.
SINDICATO NACIONAL DOS EDITORES DE LIVROS, RJ.

| | | |
|---|---|---|
| B544s<br>13ª ed. | Bitencourt, José Maria<br>Salamandra no reino encantado: conquiste sua paixão pelo sexo e pela magia / José Maria Bitencourt. – 13ª ed. – Rio de Janeiro: Pallas, 2010.<br><br>ISBN 978-85-347-0317-8<br><br>1. Magia. 2. Feitiçaria e sexo. I. Título. | |
| 97-1094 | | CDD 133.43<br>CDU 133.3 |

Pallas Editora e Distribuidora Ltda.
Rua Frederico de Albuquerque, 56 – Higienópolis
CEP 21050-840 – Rio de Janeiro – RJ
Tel./fax: 55 21 2270-0186
www.pallaseditora.com.br
pallas@pallaseditora.com.br

# AGRADECIMENTOS

Nestas linhas quero agradecer o incentivo de minha querida esposa, Iracema Bitencourt, para a elaboração deste livro.

Também agradeço a meu filho, Gerson Bitencourt, que não mediu esforços, colaborando de forma ativa com meu trabalho; aos babalorixás e ialorixás do Paraná, particularmente das cidades em que estive e onde participei nos trabalhos espirituais, com quem aprendi muito e a quem aqui agradeço os ensinamentos recebidos; e aos amigos de Santa Catarina, São Paulo, Rio de Janeiro, Rio Grande do Sul, Mato Grosso do Sul e Paraíba, cuja participação destaco na feitura desta obra.

Muitas das mirongas que transcrevo me foram transmitidas por irmãos deste Brasil afora. Portanto, este livro foi pensado e escrito com a participação de todos, motivo por que registro meu testemunho de agradecimento.

Afetuoso saravá.

*O autor*

# SUMÁRIO

**PREFÁCIO À PRIMEIRA EDIÇÃO, 9**

**INTRODUÇÃO, 11**

**MIRONGAS E ENCANTAMENTOS, 13**
*Para vencer inimigos, 13*
*Para seduzir e conquistar, 21*
*Para amarrar e fortalecer relacionamentos, 33*
*Para resolver problemas sérios de relacionamentos, 46*

**O HORÓSCOPO UMBANDISTA, 65**
*Os signos do zodíaco na umbanda, 66*
*Relacionamento entre os nativos dos vários signos, 84*

**SEGREDOS DA NUMEROLOGIA, 85**

**OS GÊNIOS PROTETORES, 101**
*Datas regidas por cada gênio, 102*
*A influência dos gênios, 106*

**ÚLTIMAS PALAVRAS, 123**

**O AUTOR, 125**

## PREFÁCIO À PRIMEIRA EDIÇÃO

José Maria Bitencourt, *Tata Ti Inkice*, é uma lenda viva da umbanda do Paraná e do Brasil, um dos maiores batalhadores da umbanda de todo o país. Conheci-o quando ele tentava registrar a Confederação Umbandista do Paraná; e embora tivesse trabalhado muito para isso, com o auxílio de outras pessoas, não lograra êxito. Disse-lhe que a religião no Brasil era livre e amparada pela Constituição. Com o meu auxílio, conseguimos o registro do órgão, do qual me tornei consultor jurídico, sendo José Maria Bitencourt seu primeiro Presidente. Juntos representamos o Paraná no Congresso Nacional de Umbanda, realizado no Rio de Janeiro, e que teve como presidente o Dr. Armando Cavalcanti Bandeira.

Umbandista de destaque e de grande conhecimento, Bitencourt é autor de outros livros importantes. No entanto, *Salamandra no reino encantado* vem preencher um claro na edição de livros de umbanda, pelos corretos conceitos sobre a magia no tocante ao sexo, o que certamente proporcionará, aos que o lerem e aplicarem seus ensinamentos, vida amorosa mais completa e mais feliz.

Os ensinamentos são preciosos, em destaque a ajuda dos orixás, sempre a serviço do bem. O horóscopo umbandista é muito abrangente, bem estudado e com orientação perfeita e segura.

Sem dúvida alguma, esta obra do consagrado umbandista e escritor José Maria Bitencourt se tornará indispensável aos praticantes e seguidores das mirongas da umbanda e do candomblé.

Meus agradecimentos, em nome do povo umbando-candomblecista, ao ilustre escritor que tem contribuído para a divulgação da nossa crença.

**EDSON CENTANINI**
Ministro de Xangô e Presidente
da Confederação Paranaense de Candomblé,
Umbanda e Cultos Afro-brasileiros
*Curitiba, junho de 1987*

# INTRODUÇÃO

Desde tempo remotos, o ser humano vem se preocupando com as forças do sobrenatural. De uma forma ou de outra, seu domínio vem sendo conquistado para o bem ou para o mal, dependendo da espiritualidade de cada um, pois o livre-arbítrio é facultado pela leis divinas; assim seguimos, conforme a nossa inteira vontade e responsabilidade, a estrada que queremos percorrer. Alguns seguem os ensinamentos divinos; outros apelam para a bruxaria para satisfazer os seus desejos materiais de todas as formas; outros buscam o domínio do ser humano, principalmente quando estão envolvidas questões de sexo.

Grandes personalidades do passado viviam consultando pitonisas nos oráculos para saber a maneira de conquistar seus amantes. As mais famosas pitonisas foram a Bruxa de Évora, chamada nos dias de hoje de Lagarrona ou Lagardona; Frineia e Afrodite, antigas deusas do amor; Medeia e Esmeralda, esta considerada a rainha dos ciganos por sua beleza e seu poder na conquista amorosa; e Salamandra, pelo seu conhecimento.

Os pergaminhos das bruxas e pitonisas foram transcritos ou transmitidos verbalmente para seus filhos e parentes, pois, em sua maioria, as bruxas foram sacrificadas na época da Inquisição. Mas seu saber correu mundo. Até que, nos tempos modernos, com a literatura em expansão, bilhetinhos e rascunhos foram transformados em livros para uso daqueles que desejam maiores conhecimentos na prática de bruxarias.

Nos dias de hoje, esses arquivos de magias e simpatias são disputados no mundo todo, e a conversa ao pé do ouvido foi e vai levando conhecimentos ao público interessado na maneira de proceder das grandes pitonisas da Idade Média. Na atualidade, é comum as ninfetas, mocinhas na puberdade, fazerem conquistas amorosas que seriam impossíveis de alcançar por meios comuns.

O presente livro procura oferecer uma compilação abrangente desse saber. Ele é dividido em quatro capítulos. *Mirongas e encantamentos* apresenta uma coleção de magias, oferendas e feitiços para conquistar e conservar um amor. *O horóscopo umbandista* resume as características e as previsões para cada signo do zodíaco, de acordo com a visão da umbanda, destacando o relacionamento entre os signos. *Segredos da numerologia* descreve as influências do dia do nascimento na vida de cada um. Finalmente, *Os gênios protetores* fala da influência dos gênios que regem cada um dos dias do ano sobre a vida dos aniversariantes nessas datas.

## MIRONGAS E ENCANTAMENTOS

**PARA VENCER INIMIGOS**

### Como desfazer feitiços

Toda pessoa magiada é logo reconhecida pelos olhos, que ficam avermelhados. A pessoa sente tremores de frio e falta de apetite, e fica sem ânimo para enfrentar as dificuldades da vida. Nestes casos, a solução pode ser encontrada no trabalho espiritual, feito de preferência num terreiro de umbanda, onde existe maior firmeza e proteção, e onde o babalorixá conhece a maneira de desmanchar a magia (ou encosto) enviada pelo adversário da pessoa magiada.

No caso de querer fazer o contrafeitiço em casa, recomendamos os procedimentos descritos a seguir.

### *Primeiro passo*

Prepare um banho de descarga composto das seguintes ervas:

*Arruda macho e fêmea;*
*Guiné;*

*Alecrim;*
*Espada-de-são-jorge;*
*Alfazema;*
*Levante;*
*Comigo-ninguém-pode.*

Coloque as ervas em uma tigela com água fervente e deixe esfriar. Depois tome o banho do pescoço para baixo, sem enxugar. As ervas podem ou não ser coadas antes do banho. De qualquer forma, deverão ser entregues no mato após a realização do encantamento.

## Segundo passo

Após o banho, reze a oração do glorioso São Jorge:

*Jesus diante, paz e guia. Encomendo-me a Deus e à Virgem Maria, minha mãe, e aos 12 apóstolos, meus irmãos.*
*Andarei este dia e noite, eu e meu corpo cercado e circulado com as armas de São Jorge.*
*O meu corpo não será ferido, nem meu sangue derramado. Andarei tão livre como andou Jesus Cristo nove meses no ventre da Virgem Maria. Amém.*
*Meus inimigos terão olhos e não me verão, terão boca e não me falarão, terão pés e não me alcançarão, terão mãos e não me ofenderão; exércitos me defenderão de todas as demandas e magias.*
*Salve São Jorge, o vencedor de demandas.*
*Salve a linha de Ogum.*

## Terceiro passo

Após a reza, faça uma descarga com pólvora. O material necessário é o seguinte:

*Uma tábua destinada a uso ritual (que só seja usada para desenhos rituais);*

*Uma pemba branca (giz ritual, encontrado em lojas de artigos religiosos);*

*Uma porção de pólvora (fundanga, encontrada em lojas de artigos religiosos em porções para uma descarga);*

*Fósforos.*

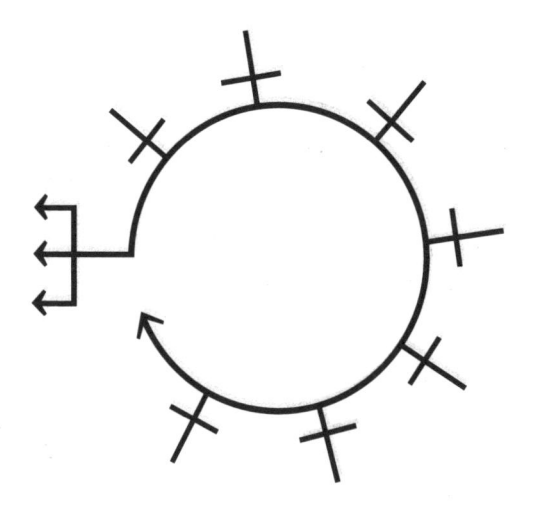

Com a pemba, trace na tábua o ponto riscado apresentado no desenho. Cubra o risco com pólvora e queime-a. Durante a explosão, coloque as mãos em cima da cabeça e rapidamente passe-as ao longo do corpo, de cima para baixo, dizendo: "Que toda maldade seja levada para o mar ou devolvida para quem mandou fazer a demanda."

Repita estas palavras três vezes, junto com o gesto descrito. No final, agradeça às entidades presentes e reze três pai-nossos.

## Quarto passo

Para terminar, faça uma oferenda para seu anjo da guarda. Você vai precisar do seguinte:

*Uma vela de sete dias branca;*
*Uma caneta sem tinta ou uma agulha grossa;*
*Mel;*
*Fósforos;*
*Uma base segura para a vela.*

Usando a caneta ou agulha, escreva seu nome em volta da vela sete vezes, em linha reta, do pavio para baixo. Depois de escrever, passe mel na vela inteira. Acenda-a e deixe queimar até o fim em lugar seguro.

## Como neutralizar ovos quebrados postos em frente à porta

Ovo choco quebrado em frente à sua porta é demanda forte, mas você pode desmanchá-la. O material necessário é o seguinte:

*Sal grosso;*
*Cachaça (tenha sempre em casa uma garrafa destinada exclusivamente a usos rituais);*
*Todo o material do trabalho para desfazer feitiços.*

Faça o trabalho para desfazer feitiços já descrito. Depois coloque em cima do ovo um pouco de sal grosso e de cachaça para quebrar a força da bruxaria.

## Como neutralizar terra posta em frente à porta

Terra que aparece de repente diante da sua porta também é uma demanda forte, pois é muito provável que seja a mistura de terras tiradas de sete sepulturas. Para desmanchar o feitiço você vai precisar do seguinte:

*Um saquinho de papel (pode ser feito em casa com qualquer tipo de papel);*
*Sete velas brancas;*
*Fósforos;*
*Cachaça (tenha sempre em casa uma garrafa destinada exclusivamente a usos rituais);*
*Todo o material do trabalho para desfazer feitiços.*

Peça licença às entidades presentes, coloque a terra no saco de papel e leve-o para um cemitério, junto com as velas e os fósforos.

Derrame a terra atrás do cruzeiro do cemitério. Em seguida, acenda as velas (no local destinado a este fim junto ao cruzeiro) em homenagem às sete sepulturas de onde a terra foi tirada. Por fim, reze três pai-nossos em benefício de todas as almas.

Chegando em casa, lave as mãos com cachaça e faça o trabalho para desfazer feitiços já explicado.

## Como neutralizar pó de mironga

Pó de mironga também é maléfico. Na realidade existem vários pós, e cada tipo leva um nome específico, conforme o tipo de trabalho a que se destina. Os pós denominados Sumiço, Mudança, Raspa de Veado, Andorinha, Amarração e Destruição têm por finalidade expulsar a pessoa do trabalho ou da residência.

Felizmente, o pó de mironga é fácil de reconhecer, pois é colorido. Se você encontrar alguma variedade dele no seu vestuário, debaixo do travesseiro, na cadeira ou no caminho de sua residência, cuidado! Você nem imagina o efeito pernicioso que lhe pode causar. Em trabalhos de magia, todo cuidado é pouco; não se descuide, faça sua defesa. Providencie o seguinte material:

*Cachaça (tenha sempre em casa uma garrafa destinada exclusivamente a usos rituais);*
*Todo o material do trabalho para desfazer feitiços.*

Faça o trabalho para desfazer feitiços já descrito. Depois derrame cachaça em cima do pó e em seguida lave as mãos também com cachaça.

## Resposta a um inimigo declarado

Você que trabalha numa repartição, num banco, num estabelecimento comercial etc., devido à sua dedicação e presteza no serviço, em algum momento descobrirá que tem inimigos. A intriga vai afetando sua imagem junto à chefia e piora a relação de trabalho com seus companheiros, o que pode provocar sua remoção ou até mesmo a demissão. Assim, você tem que procurar a sua defesa, chamando em seu auxílio o Povo da Rua, para fechar os caminhos por onde esse inimigo consegue chegar a você e para afastá-lo definitivamente da sua vida.

Este trabalho deve ser feito na lua minguante por sete vezes (em sete dias seguidos), às 6, 15, 18, 21 ou 24 horas. Você pode escolher o horário que lhe seja mais conveniente. Mas, uma vez feito o primeiro trabalho, os outros seis deverão ser realizados obrigatoriamente na mesma hora em que o primeiro foi executado.

Você vai precisar do seguinte material:

*Sete velas pretas;*
*Uma vela vermelha e preta;*
*Uma caneta sem tinta ou agulha grossa;*
*Uma faquinha;*
*Pó Justiça;*
*Pó Quebra Inveja;*
*Pó Quebra Demanda;*
*Pó Vence Tudo;*
*Pó Desamarração;*
*Pó Resposta;*
*Pó Sumiço;*
*Sete pedaços de papel de tamanho adequado para enrolar cada uma das velas pretas;*
*Outros sete pedaços de papel (opcionais);*
*Lápis (opcional);*
*Duas garrafas de marafo (cachaça);*
*Um charuto de boa qualidade;*
*Fósforos;*
*Uma bisteca de porco bem temperada com azeite de dendê;*
*Pimenta-da-costa;*
*Cheiro-verde;*
*Um copo pequeno;*
*Uma base segura para colocar uma vela acesa deitada;*
*Um prato de papelão.*

## Preparo da vela preta

Este procedimento será seguido nas sete vezes em que o trabalho for feito. A cada vez ele será realizado com uma das sete velas pretas.

Com a caneta sem tinta ou a agulha, escreva numa das velas pretas o nome completo do intrigante, em linha reta, do pavio para baixo. Em seguida, com a faquinha, faça um novo pavio na base da vela.

Então quebre a vela bem no meio, sem cortar o pavio, de modo que os dois pedaços de vela fiquem unidos.

Divida os pós de mironga comprados em sete porções mais ou menos iguais, para serem usadas nos sete trabalhos. Ponha uma porção de cada um dos pós sobre um dos pedaços de papel. Enrole esse papel no meio da vela, com cuidado para que os pós não caiam.

Se quiser, escreva em outro pedaço de papel (dos papéis opcionais) o que deseja pedir ao Povo da Rua.

## *Primeiro trabalho*

O primeiro trabalho deve ser entregue a Exu Tranca Tudo numa encruzilhada, no primeiro dia da lua minguante, em um dos horários citados anteriormente. Você deve ir na companhia de uma pessoa amiga; sob hipótese alguma vá só.

Leve uma vela preta preparada como foi descrito acima, o papel com o pedido (se quiser), a vela vermelha e preta, uma garrafa de cachaça, o charuto, os fósforos e a bisteca arrumada no prato e temperada com pimenta e cheiro-verde. Não esqueça do abridor de garrafas, se for necessário.

Em primeiro lugar, coloque num canto da encruzilhada o prato com a bisteca. No momento da entrega, diga: "Exu Tranca Tudo, estou lhe pagando para que o senhor em troca realize o meu desejo."

Feito isso, acenda os dois pavios da vela preta e arrume-a em lugar seguro. Se tiver trazido o papel com o pedido escrito, coloque-o embaixo da vela.

Acenda a vela preta e vermelha na chama da vela preta e arrume-a de modo seguro. Ponha ao lado o charuto aceso e despeje a cachaça em volta da oferenda (traga a garrafa vazia para casa, junto com qualquer outra embalagem que tenha usado).

Ao se retirar, dê três passos para trás, vire-se de costas para o trabalho, não olhe para os lados e siga em frente, retornando para casa por um caminho diferente do que usou para chegar na encruzilhada.

## *Do segundo ao sétimo trabalhos*

Os trabalhos seguintes serão feitos no banheiro de sua casa, sempre no horário escolhido, nos seis dias seguintes ao dia em que foi feito o primeiro trabalho. Eles são muito mais simples que o primeiro, pois não incluem a oferenda de comida, mas apenas uma vela preta e cachaça (da segunda garrafa reservada para o trabalho). O mesmo procedimento vai ser repetido com as seis velas pretas que restaram depois do primeiro trabalho.

Escolha um lugar seguro para colocar a oferenda em seu banheiro.

No dia e hora adequados, prepare uma das velas pretas conforme já foi descrito. Acenda os dois pavios e ponha a vela no lugar escolhido, sobre a base segura. Se quiser, ponha embaixo da vela um papel com seu pedido escrito. Ao lado da vela, ponha o copo com cachaça para Exu Tranca Tudo.

Quando a vela terminar de queimar, despache a cachaça em água corrente e as cinzas na rua, longe de casa.

**PARA SEDUZIR E CONQUISTAR**

## Gatos, grandes agentes mágicos

No antigo Egito, o gato era consagrado à deusa Bast. Matar um gato era crime punido com a morte. Na Grécia, era um dos animais de Vênus, a deusa das grandes paixões. Apesar de ter sido perseguido durante a Idade Média, quando era considerado a personificação do Diabo, o gato continua sendo, nos dias de hoje, o grande agente da bruxaria, principalmente para os casos de amor.

A fim de conseguir conquistar uma pessoa como sua parceira sexual, usando o poder mágico do gato, você vai precisar do seguinte material:

*Um frasco de perfume de boa qualidade, de preferência um de que a pessoa goste;*

*Um presente adequado para a pessoa desejada: uma boa gravata, se for homem, ou um botão de rosa vermelha, se for mulher;*

*Um punhadinho de pelos de um gato preto, de preferência cortados do rabo;*

*Um pedaço de pano limpo ou um filtro de café;*

*Um recipiente limpo para filtrar o perfume.*

Misture os pelos de gato com o perfume dentro do frasco, tampe-o bem e deixe-o exposto ao tempo numa noite de quinta para sexta-feira, de preferência na lua cheia. Passado esse tempo, coe o perfume (com o pano ou o filtro de café) e guarde-o novamente no frasco.

Feito isto, compre o presente e esfregue-o rapidamente no próprio sexo, com cuidado para não estragar (não amassar o tecido ou quebrar a flor).

Entregue para a pessoa desejada o perfume e o presente. Quando fizer isso, diga bem baixinho na frente da pessoa: "Gata minha, com seus encantos mágicos, me ajude a conquistar o meu gato (ou a minha gata), pois o meu maior desejo é copular com Fulano(a), assim como você faz com seus amiguinhos."

## O sapo, agente do amor e do sexo

As grandes bacanais têm como protetores os sapos, pois os mesmos fazem seus rituais amorosos nos dias de chuva, provocando algazarra que é escutada a grande distância. Um encantamento que usa o poder mágico dos sapos para conseguir conquistar um amor precisará do seguinte material:

*Sete velas no formato de sapos: vermelhas, para conquistar uma mulher, ou pretas, para um homem;*

*Uma caneta sem tinta ou uma agulha grossa;*
*Um pedaço de papel;*
*Lápis;*
*Fósforos;*
*Um sapo de louça;*
*Uma garrafa de cachaça.*

Com a caneta vazia ou a agulha, escreva, em cada uma das velas, o nome da pessoa a ser conquistada e seu próprio nome, cruzados em forma de X. Escreva o nome da pessoa amada no papel. Depois leve todo o material para a beira de um mangue ou brejo, onde existam sapos de verdade.

Mergulhe rapidamente o sapo de louça no brejo e diga: "Sapos que vivem neste lugar, passem os seus poderes mágicos para o seu semelhante, para que este trabalho seja realizado sem o sofrimento de nenhum de vocês." Depois esfregue o sapo de louça em cada uma das velas, para impregná-las com o poder mágico que ele atraiu.

Forme um círculo com as velas. No centro coloque o papel escrito e, por cima dele, o sapo de louça, despejando a cachaça sobre ele. Acenda as velas e diga: "Vai começar a bacanal!"

Afaste-se, vire de costas para o encantamento e vá embora sem olhar para trás.

## Como ficar mais atraente

A atração é o primeiro passo para se chegar a um caso amoroso. Se você deseja ser mais atraente, temos a receita para resolver o seu caso.

### *Primeira etapa*

Prepare um perfume e um talco encantados com pó de mironga. O material é o seguinte:

*Pó Pega Homem (para atrair homens) ou Pega Mulher (para atrair mulheres);*
*Pó Atração;*
*Um frasco do perfume de sua preferência;*
*Talco da sua preferência.*

Divida a embalagem do pó Atração em duas partes. Misture uma delas no perfume e a outra no talco. Faça o mesmo com o outro pó. Guarde o perfume e o talco para usar sempre que quiser.

## Segunda etapa

Sempre que você quiser se tornar mais atraente, siga o procedimento descrito a seguir. O material necessário é o seguinte:

*Banho líquido Atração;*
*Defumador Atrativo do Amor;*
*Uma rosa vermelha.*

Em primeiro lugar, tire as pétalas da rosa e coloque-as dentro de uma tigela limpa em que você despejou o conteúdo do frasco do banho Atração. Deixe repousar por algum tempo. Depois de tomar seu banho de higiene comum, despeje o banho mágico em todo o corpo, do pescoço para baixo. Não se enxugue: deixe que o banho seque naturalmente no corpo.
Em seguida, defume seu quarto com o defumador Atrativo do Amor. Agora você pode se aprontar para seu encontro.
Vista-se com a melhor roupa que tiver. Use obrigatoriamente o talco e o perfume encantados com os pós de mironga.
Agora você está atraente, é só distribuir olhares e sorrisos para garantir um final feliz.

## Detalhes finais

Faça uma maquiagem discreta, pois o excesso geralmente atrapalha: roupas e pinturas exageradas são vistas como vulgares, e não atraentes.

Se você está querendo conhecer novas pessoas e apostar em novos relacionamentos, procure ir a lugares onde pode encontrar muitas pessoas, como bares, espetáculos e parques. Mas preste atenção: essas situações costumam ser exploradas por pessoas mal-intencionadas. Se alguma pessoa lhe interessar, procure conhecê-la aos poucos, e não vá confiando nela muito depressa.

## Caldeirão do amor

Como já foi dito, o gato é agente do amor carnal. Assim, vamos relatar outra mironga que dá bons resultados para atrair a pessoa por quem você se apaixonou. O material necessário é o seguinte:

*Um punhadinho de pelos de um gato preto, de preferência cortados do rabo;*
*Um vidrinho de azeite de dendê;*
*Pó Amor;*
*Pó Chama;*
*Pó Atração;*
*Pó União;*
*Pó Gamação;*
*Pó Pega Homem (para atrair homens) ou Pega Mulher (para atrair mulheres);*
*Sete pedaços de papel;*
*Sete botões de rosa vermelha;*
*Lápis;*
*Um caldeirão de ferro.*

Escreva sete vezes o nome completo da pessoa amada nos sete papéis. Coloque dentro do caldeirão o azeite com todos os pós, os papéis, os botões de rosa e os pelos de gato. Leve ao fogo. Depois que a mistura tiver fervido, jogue-a no caminho em que seu amor costuma passar ou em frente à sua casa.

No momento da entrega diga: "Fulano(a), você me pertence, queira ou não, pois você não terá sossego enquanto não vier falar comigo e me amar apaixonadamente."

## Receita vodu para conquistar o seu homem

A palavra *vodu* deriva de *vodum*, deus supremo ou espírito sagrado no idioma fon da África Ocidental, falado pelos jejes que vieram para o Brasil. Existe uma ideia errada de que o vodu só pratica o mal, assim como alguns ainda pensam aqui sobre a umbanda; no entanto, assim como a umbanda tem o seu lado oposto, que é a quimbanda, o vodu tem os seus dois lados, o do bem e o do mal. O sacerdote, chamado *houngan*, e a sacerdotisa, a *mambo*, realizam os ritos religiosos e os encantamentos. Entre os *loás* (deuses vodus), Erzulie é uma das deusas mais queridas. Ela corresponde a Oxum e é procurada para resolver problemas de amor.

Algumas mulheres versadas nas artes do vodu têm modos especiais de conquistar seu homem, quando lhes interessa, e a mais fácil é servir-lhe uma saborosa refeição enfeitiçada. A receita aqui apresentada vai precisar dos seguintes ingredientes:

*Uma galinha, de preferência preta;*
*Azeite de dendê;*
*Pimenta-da-costa;*
*Cheiro-verde;*
*Alho;*
*Cebola;*

*Sal;*
*Outros temperos a gosto;*
*Um quadrado de folha de bananeira;*
*Uma rosa vermelha;*
*Uma vela branca.*

A galinha deve ser comprada viva. Ao matá-la, seu sangue deve ser recolhido para fazer o molho.

Cozinhe a galinha com todos os temperos a seu gosto. Faça um molho pardo bem temperado, usando o sangue da galinha.

Separe uma pequena porção da comida e arrume sobre a folha de bananeira. Coloque-a num local reservado em sua casa (de preferência um altar). Acenda a vela ao lado e peça a ajuda de Erzulie. Sirva o restante do prato normalmente à pessoa amada.

Depois entregue a porção de Erzulie na beira de uma cachoeira, junto com a rosa.

## Patuá com ímã de atração

Para atrair a pessoa desejada através do ímã, você vai precisar do seguinte material:

*Um ímã de atração (encontrado em lojas de artigos religiosos);*
*Um pedaço de papel branco;*
*Lápis ou caneta;*
*Uma fotografia sua, mais ou menos do tamanho do ímã;*
*Uma fotografia da pessoa amada desse mesmo tamanho;*
*Um pedaço de fita cor-de-rosa de comprimento igual à sua própria altura;*
*Um pedaço de fita azul de comprimento igual à altura da pessoa amada;*
*Um saquinho de pano preto;*

*Linha;*
*Agulha;*
*Tesoura;*
*Cola própria para metal.*

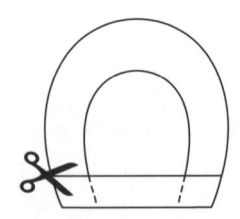

Esse ímã tem o formato de uma ferradura. Coloque-o sobre o papel e, com o lápis, risque seu contorno. Trace duas linhas retas paralelas unindo, no desenho, as pontas da ferradura, de modo a formar uma tira retangular. Recorte essa tira. Recorte separadamente a tira curva que forma o contorno da ferradura.

Cole a tira curva sobre o corpo do ímã e escreva nela o seu próprio nome. Cole a outra tira unindo as pontas do ímã, como se fechasse a boca da ferradura, e escreva nela o nome da pessoa que deseja atrair. Ponha cada fotografia de um dos lados do ímã, de modo que elas fiquem uma de frente para a outra. Amarre-as juntas com as duas fitas. Coloque o amarrado no saquinho, costure-o e ande com ele junto ao seu corpo, por dentro da roupa.

## Maria Padilha das Almas ensina como ser desejada pelos homens através da magia

Esta simpatia é de um magnetismo incrível, não importando idade, cor ou nível social de quem a faz. Ninguém é obrigado a fazê-la, porém, desde que seja iniciada, terá de ser terminada, sob pena de sérios problemas na sua vida sentimental.

É voz corrente nos terreiros que "Pombagira dá e tira". Não é verdade! Vá lá, é meia-verdade. Se você cumpre o que prometeu, ela fica até muito agradecida. Se você apela para a simpatia e a executa corretamente, a deusa agradece e vai batalhar firme, com garra, energia e sobretudo muita magia para que tudo que você pediu se realize favoravelmente.

A simpatia será feita em sete sextas-feiras, sempre dentro do seu quarto. Você pode escolher a hora mais conveniente para você: 6, 12, 18 ou 24 horas. Mas, depois de feita a escolha, deverá repetir a simpatia sempre no mesmo horário. O material necessário é o seguinte:

*Um jarro para flor incolor ou branco (novo);*
*Um potinho de mel puro;*
*Pó de Sedução;*
*Sete botões bem fechados de rosa vermelha, cada um comprado na sexta-feira em que será necessário;*
*Água pura;*
*Tinta (que pegue no material do jarro) ou batom;*
*Carvão;*
*Sândalo;*
*Alfazema;*
*Cravo-da-índia;*
*Mirra;*
*Levante;*
*Manjericão;*
*Um turíbulo ou uma lata para queimar carvão;*
*Isca para queimar o carvão (a que costuma usar);*
*Fósforos.*

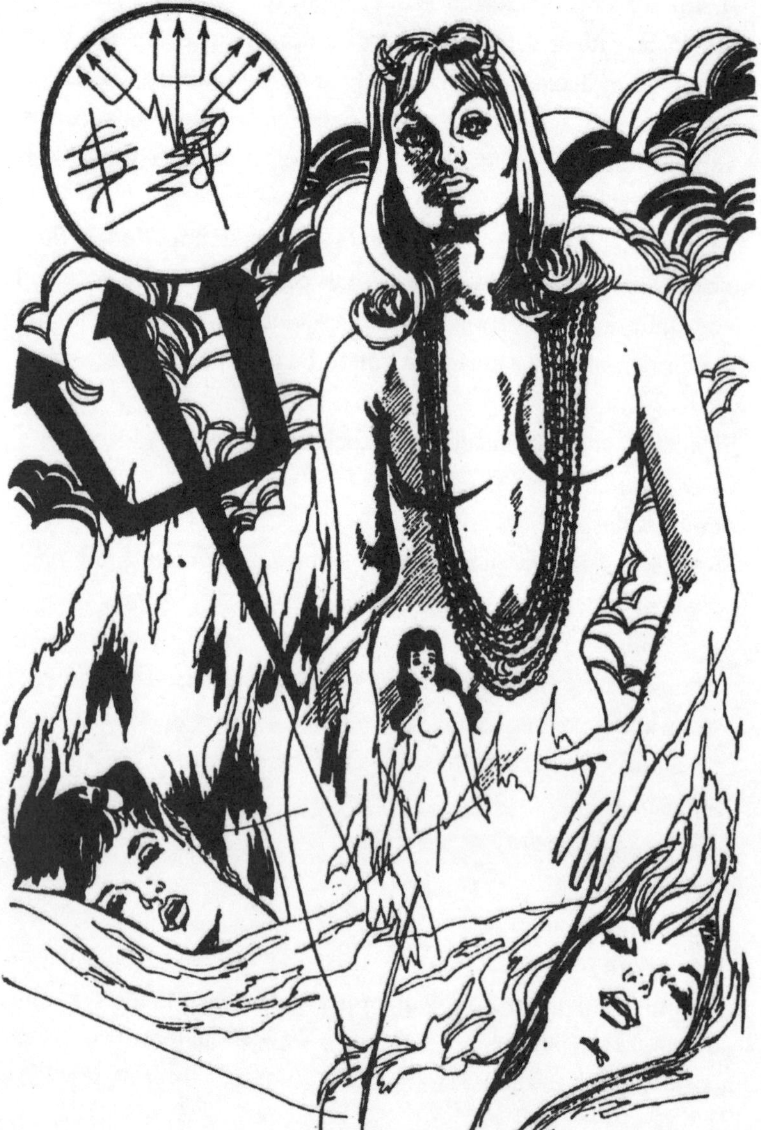

## Na primeira sexta-feira

Tenha em mãos o vaso, o mel, o pó, um botão de rosa, água e a tinta ou batom. Encha o jarro com água. Marque com a tinta ou o batom a altura da água no vaso. Passe mel no talo da rosa e coloque-a dentro do jarro, junto com o pó. Diga a seguinte oração:

*Maria Padilha das Almas, ofereço meu corpo espiritualmente para você por 21 dias; em troca quero que me deixe tão atraente quanto você. Maria Padilha, eu estou lhe pagando, você é que está me devendo. Me dê o poder de dominar e não ser dominada. Me deixe tão atraente quanto você. Maria Padilha, mostre-me a sua força.*

Feito isto, bata três vezes a cabeça em frente à rosa (curve-se, de joelhos no chão, até encostar a testa no solo).

Deixe a flor no jarro até a sexta-feira seguinte, sem mexer nele nem adicionar água. Só complete a água na sexta-feira seguinte, mesmo que o jarro seque, pois, caso isto aconteça, indica que você está pouco atraente. Caso a rosa não abra, você tem pessoa ou pessoas demandando para trancar a sua vida sentimental.

## Da segunda à sétima sextas-feiras

Providencie um botão de rosa novo. Exatamente no mesmo horário da semana anterior, retire a rosa antiga do jarro. Passe mel na nova rosa e coloque-a no jarro. Se a água baixou, complete-a até atingir o nível marcado com a tinta ou batom. Caso contrário, não precisa acrescentar água. Repita a oração descrita para a primeira sexta-feira.

A seguir, separe as pétalas da rosa da semana anterior e coloque--as numa vasilha com água morna, deixando em infusão por algum tempo. Depois tome um banho com essa água, do pescoço para baixo. Após o banho, enxugue-se, junte as pétalas e guarde-as. Vá juntando todas num mesmo pote.

Entregue o talo em uma encruzilhada em forma de T (quando uma rua termina em outra). Entregue todos os talos sempre na mesma encruzilhada. Ao regressar, não volte pelo mesmo caminho.

Conforme as sextas-feiras forem passando, você irá até se assustar com o seu novo poder de atração. Mas tome cuidado: durante as sete sextas-feiras, ninguém a não ser você poderá tocar na rosa, caso contrário ela secará na hora e você perderá toda a sequência, tendo que iniciar tudo novamente quantas vezes forem necessárias, pois você aceitou o compromisso. Lembre-se, leve o tempo que levar, o feitiço terá que ser terminado. Sugiro então que deixe o vaso num local em que só você entre.

## Fim da simpatia

No final das sete sextas-feiras, você terá as pétalas secas que foram guardadas durante todo o período. Você irá colocá-las numa lata (ou turíbulo) com carvão em brasa e juntar um pouco de sândalo, alfazema, mirra, sete cravos-da-índia, folhas de levante e manjericão. Faça uma defumação no seu corpo inteiro, repetindo a oração apresentada para a primeira sexta-feira.

Você jogará na cabeça a água acumulada no jarro durante a simpatia, e ficará 24 horas sem lavá-la. Entregue o jarro na mesma encruzilhada em que entregou os talos das rosas e saia sem olhar para trás após a entrega.

Feito isto, está terminado o seu compromisso. Mas sempre que quiser poderá renovar esse trabalho com Maria Padilha das Almas.

## PARA AMARRAR E FORTALECER RELACIONAMENTOS

## Chá da Salamandra

Para conquistar seu homem pelo sexo e para que ele fique louco por você, faça o seguinte: antes de dormir, tome um banho gostoso, perfume-se toda e coloque a melhor calcinha que tiver; feito isto, deite-se pensando no seu homem. Pela manhã, quando acordar, faça uma massagem no sexo, pensando no seu homem (diga o nome dele); em seguida, retire a calcinha e ponha numa panela com água para ferver. Deixe esfriar, coloque numa garrafa desinfetada e tampe. Quando for servir ao seu amado chá, café ou outra bebida, misture um pouco do chá da Salamandra. Quando terminar o frasco, prepare nova porção. Conforme forem passando os dias, e a bebida continuar sendo servida, você irá notar a transformação do seu companheiro, que irá fazer todas as suas vontades e ficará amarrado para sempre junto de você.

Mas preste atenção: você não pode tomar dessa bebida. Misture o chá à bebida dele depois de servida no copo ou xícara, sem que ele perceba, e tome cuidado para não trocar as doses!

## Café sexual

Esta receita é da cigana Esmeralda. Faça de sua calcinha o coador para o café do seu bem-amado. Quando servir o café, use xícaras diferentes, para que você tenha certeza de que ele está tomando o café enfeitiçado. Você deverá tomar café puro, coado da maneira usual. Na conversa que tiver, procure ser a mais natural possível, para não causar suspeitas. Observe o seu comportamento, depois que ele tomar o terceiro gole: a transformação amorosa, as gentilezas e a dedicação oferecidas a você. Talvez ele até queira repetir mais um pouco do café, por ter achado saboroso.

## Trabalho de amarração na força de Santo Antônio

Este é uma velha simpatia popular do tipo dos castigos ao santo. Ela é chamada "tira-filho" porque o castigo aplicado ao santo, enquanto ele não atender o pedido, é tirar de seus braços o Menino Jesus. O material necessário é o seguinte:

*Uma imagem de Santo Antônio com o Menino Jesus solto (pode ser achada em lojas de artigos religiosos);*
*Uma vela branca de Santo Antônio;*
*Um pedaço de fita cor-de-rosa de comprimento igual à sua própria altura;*
*Um pedaço de fita azul de comprimento igual à altura da pessoa amada;*
*Lápis ou caneta.*

Em primeiro lugar, vá a uma igreja e passe água benta na imagem. Feito isto, escreva sete vezes o nome da pessoa amada na fita cor-de-rosa e sete vezes o seu próprio nome na fita azul. A seguir, dê sete nós amarrando as duas fitas juntas em volta da imagem. Acenda a vela e reze esta oração:

*Meu querido Santo Antônio, que tantos milagres tens feito, ajuda-me a conseguir casamento. Tenho-te venerado tanto, desejo agora que me ampares e que me tragas aquele que será meu esposo perante Deus e perante os homens. Suplico-te, ó santo milagroso e benfeitor, que não esqueças de mim, e que me dês aquilo que mais desejo. Rogo-te, amorável santo, que concedas esta graça e que eu seja conduzida para diante do altar pelo braço de um cavalheiro forte, bondoso e inteligente. A ti confio o meu desejo, e nas tuas mãos deposito as minhas esperanças. Quando receber esta graça, prometo devolver o menino aos teus braços; se faço isto é por causa do meu desespero; eu amo apaixonadamente o meu namorado. Perdoa-me, meu querido Santo Antônio.*

Depois de rezar diga para Santo Antônio: "Agora eu vou retirar o menino dos teus braços e só devolverei quando alcançar o meu objetivo." Desprenda o menino do braço do santo e deixe-o ao lado da imagem.

## Trabalho para firmar o casamento

Às vezes a moça é noiva, comprometida verbalmente, mas não passa disso; o noivo está indeciso e o tempo vai passando. Para resolver essa situação, faça um pedido a Santa Catarina. Você vai precisar do seguinte material:

*Um alguidar de barro;*
*Sete velas brancas;*
*Um vidrinho de mel;*
*Um pedaço de papel branco;*
*Lápis ou caneta;*
*Fósforos.*

Escreva sete vezes o nome do seu noivo ou pretendente em um dos lados do papel. Depois, no verso, escreva o seu próprio nome sete vezes, exatamente por cima da sombra do nome dele. Coloque o papel no alguidar e derrame em cima o mel. Acenda as velas dentro do alguidar e reze a oração abaixo:

*Formosíssima Santa Catarina, sabemos que dominaste só com a tua presença os cinquenta mil homens da casa do Padre Santuário. Dá-me a tua proteção para que eu possa dominar apenas um homem, que é Fulano (diga o nome do homem desejado).*
*Santa Catarina, formosa e pura, padroeira das mulheres novas e solteiras, abrandai o coração de Fulano (diga o nome do homem desejado) para que ele só pense em mim, só deseje a mim e não se interesse por outra que não eu.*

*Se ele estiver comendo, que não coma; se estiver bebendo, que não beba; se estiver dormindo, que não durma enquanto não vier a mim e não falar comigo.*

*Fulano (aqui se diz o nome dele), pelo poder e encanto de Santa Catarina, tenho-te subjugado, aqui sob o meu pé esquerdo; nunca mais pensarás noutra mulher enquanto debaixo do meu pé esquerdo estiveres.*

Depois de rezar, coloque o papel no sapato esquerdo, debaixo de seu pé, como uma palmilha. Repita três vezes o seguinte procedimento: levante o pé do chão dizendo: "Fulano (o nome do homem)". Em seguida desça o pé pisando com toda a firmeza, continuando a frase: "você está preso no meu coração durante toda a eternidade." Não esqueça: sempre ao levantar repita o nome dele, e depois firme o pé no chão; repita três vezes.

## Patuá com ímã de amarração

Para aprisionar a pessoa amada através do ímã, você vai precisar do seguinte material:

*Um ímã de amarração (encontrado em lojas de artigos religiosos);*
*Um pedaço de papel branco;*
*Lápis ou caneta;*
*Uma fotografia sua, mais ou menos do tamanho do ímã;*
*Uma fotografia da pessoa amada desse mesmo tamanho;*
*Um pedaço de fita cor-de-rosa de comprimento igual à sua própria altura;*
*Um pedaço de fita azul de comprimento igual à altura da pessoa amada;*
*Um saquinho de pano preto;*
*Linha;*

*Agulha;*
*Tesoura;*
*Cola própria para metal.*

Esse ímã é redondo, parecido com uma moeda. Coloque-o sobre o papel e, com o lápis, risque seu contorno. Desenhe dentro desse traçado dois círculos concêntricos: um menor, formando um disco pequeno, e outro maior, fazendo um anel junto com o risco do contorno externo do ímã. Recorte o disco central e esse anel.

Cole o disco no centro do ímã e escreva nele o nome da pessoa amada. Cole o anel na borda do ímã e escreva nele o seu próprio nome. Ponha cada fotografia de um dos lados do ímã, de modo que elas fiquem uma de frente para a outra. Amarre-as juntas com as duas fitas. Coloque o amarrado no saquinho, costure-o e ande com ele junto ao seu corpo, por dentro da roupa.

## Salamandra ensina como amarrar o seu amor pela magia

Esta simpatia é para você que tem um relacionamento amoroso que já não é tão bom quanto no início. O relacionamento carnal entre os dois já aconteceu e continua ocorrendo, mas com menos intensidade do que antes. Agora você tem notado a indiferença e as atitudes bruscas da pessoa amada. Sente que ela quer terminar tudo, pois seu objetivo foi realizar a conquista, e agora já perdeu o interesse.

Você, que não se conforma com tal situação, deve tomar as providências aqui descritas. O material necessário é o seguinte:

*Uma imagem de São Benedito em chumbo, oca, de 10 cm de altura;*
*Dois pedaços de papel de tamanho adequado para serem postos juntos dentro do oco da imagem;*
*Lápis;*
*Mel;*
*Cera virgem (compre em casas de tintas ou de artigos religiosos);*
*Cola própria para metal;*
*Um vaso para plantas com terra;*
*Uma muda de roseira de variedade adequada ao tamanho do vaso (depende do espaço que tiver em casa para ele);*
*Perfume de sua preferência.*

## Primeira etapa

Arrume-se bem, perfume-se, largue sorrisos à vontade e seja provocante. Quando houver uma situação amorosa, force a natureza para que isto aconteça e, no momento em que estiverem acontecendo as carícias, procure retirar alguns fios de pentelhos de seu parceiro. Talvez demore para você con seguir; se isso ocorrer, invente algum tipo de brincadeira em que possa fazer o que deseja. Você precisará de um número ímpar de pentelhos: 1, 3, 5, 7.

## *Segunda etapa*

Leve a imagem de São Benedito a uma igreja e molhe-a na água benta. Agora você pode começar o trabalho, que deve ser feito de preferência em dia de lua cheia.

Escreva num dos papéis sete vezes o nome completo da pessoa amada, sua data de nascimento e seu signo. No outro papel escreva o seu próprio nome completo, sua data de nascimento e seu signo. Coloque os papéis um de frente para o outro, nome com nome, envolva no mel e ponha dentro da imagem. Feito isto, tampe o orifício com cera.

Arrume os pentelhos em volta do pescoço da imagem, prendendo-os com cola.

Esconda a imagem durante 21 dias no lugar onde costuma se encontrar com seu amor: sua casa, o local de trabalho etc. Não se esqueça: coloque a imagem num lugar onde ninguém possa achá-la.

Após terem passado os 21 dias, tire a imagem do esconderijo e coloque-a debaixo do colchão, do lado que você dorme, por mais 21 dias. Feito isto, enterre a imagem no vaso e plante a roseira por cima.

Quando a roseira começar a dar flores, retire o primeiro botão de rosa e faça a entrega numa encruzilhada em forma de T. Ao entregar a flor, diga:

**Graças a Salamandra, consegui o meu objetivo, e em agradecimento lhe dou o primeiro botão de rosa do meu jardim do amor.**

Desenterre o santo, quebre o lacre de cera e retire os papéis de dentro da imagem. Lave e perfume a imagem e deixe-a na porta da igreja onde você levou-a para benzer. Ao fazer isso, reze três pai-nossos, peça perdão ao santo e retire-se.

## Simpatia de Maria Padilha da Almas para segurar seu amor pela magia

Sempre que você quiser alguma coisa de Maria Padilha das Almas, solicite em pensamento e faça-lhe um agradinho oferecendo cigarros, uma rosa, uma bebida, e verá que seu pedido será sempre atendido. Mas nunca fique devendo nada, nem que seja um simples cigarro. Prometeu, tem que pagar, ou sofra as consequências.

Este feitiço de amarração precisa do seguinte material:

*Uma vela vermelha no formato de um casal unido;*
*Uma vela vermelha no formato de uma imagem de pombagira;*
*Uma fita vermelha de comprimento igual à altura da pessoa amada;*
*Uma fita vermelha de comprimento igual à sua própria altura;*
*Pó Agarradinho;*
*Pó Sedução;*
*Pó União;*
*Pó Gamação;*
*Pó Amarração;*
*Pó Liga;*
*Pó Desencanto;*
*Uma garrafa de sidra;*
*Um maço de cigarros, com ponta, da melhor marca;*
*Uma caixa de fósforos;*
*Uma folha de papel qualquer;*
*Lápis ou caneta.*

Para facilitar a execução do encantamento, escreva na folha do papel os sete pedidos que deverá recitar, para não esquecer no momento em que está realizando o trabalho:

*Primeiro pedido:* Fulano (dizer o nome completo), você está preso no meu coração e o seu corpo preso ao meu.

*Segundo pedido:* Fulano (dizer o nome completo), você perto de mim (dizer seu nome completo) se sentirá bem, longe ficará nervoso e aflito, na esperança do reencontro o mais breve possível.

*Terceiro pedido:* Fulano (dizer o nome completo), você perto de mim (dizer seu nome completo) ficará calmo, contente, alegre e feliz.

*Quarto pedido:* Fulano (dizer o nome completo), eu, só eu (dizer o seu nome completo) te satisfarei sexualmente e mais ninguém neste mundo.

*Quinto pedido:* Fulano (dizer o nome completo), eu, só eu (dizer o seu nome completo) poderei te amar para sempre na mais feliz harmonia.

*Sexto pedido:* Fulano (dizer o nome completo), que você sempre sinta necessidade da minha presença (dizer o nome completo).

*Sétimo pedido:* Fulano (dizer o nome completo), você escutou a minha súplica e, se você não for só meu, quero que sofra amargamente o resto da vida, e um dia venha rastejando como as cobras venenosas, e eu te rejeitarei para o resto da vida, pois não costumo comer o que sobrou das outras.

Esta simpatia deve ser feita numa sexta-feira de lua cheia, numa encruzilhada em forma de T.

Escreva sete vezes o nome da pessoa amada na fita da sua própria altura. Escreva sete vezes o seu próprio nome na fita da altura da pessoa amada. Faça sete nós com as duas fitas juntas, prendendo-as enroladas na vela com o formato do casal. Misture os pós e envolva a vela com a mistura, enquanto recita o pedido, lendo o que foi anteriormente escrito no papel.

Após fazer todos os pedidos, acenda a vela. Acenda ao lado a vela no formato de pombagira. Acenda um cigarro, dê três baforadas com ele e peça a Maria Padilha das Almas que resolva o seu caso amoroso.

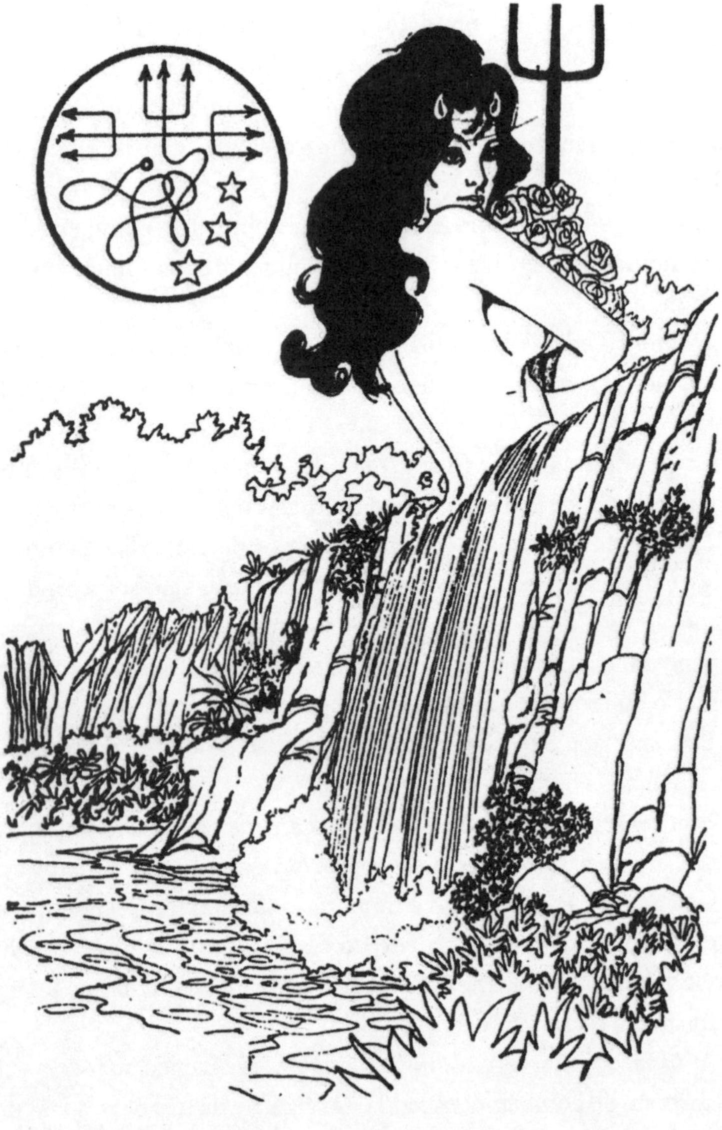

Em seguida, arrume os cigarros junto às velas, colocando o cigarro aceso em cruz sobre os apagados. Despeje a bebida em volta da oferenda; não deixe no chão nem a garrafa nem qualquer outra embalagem.

Ao se retirar, dê três passos para trás, vire-se e continue a caminhar, não olhando para os lados e seguindo sempre em frente. Não volte pelo mesmo caminho por onde veio.

Feita esta obrigação, é só esperar o resultado favorável a você.

## Desiludida no amor, apele para a cigana Esmeralda

Você que não consegue firmar um namoro, vendo o tempo passar e suas colegas constituírem lar, começa a pensar: o que será se ficar solteira? Esse pensamento começa a atormentar a sua vida, até que alguém lhe diz para procurar o recurso da simpatia. Aqui está a solução para o seu caso. O material necessário é o seguinte:

*Um lenço vermelho;*
*Sete moedas de valores iguais;*
*Uma vela cor de laranja;*
*Um botão de rosa vermelha;*
*Um maço de cigarros, do melhor;*
*Uma caixa de fósforos;*
*Uma vela vermelha em forma de coração;*
*Uma vela branca em forma de coração;*
*Pó de Casamento;*
*Pó de União;*
*Pó de Liga;*
*Pó de Sedução;*
*Pó de Agarradinho;*
*Pó Gamação;*
*Pó da Paz;*
*Uma fita vermelha de comprimento igual à altura dele;*
*Uma fita branca de comprimento igual à sua altura;*

*Lápis ou caneta;*
*Caneta sem tinta ou agulha grossa;*
*Um amuleto de sua preferência (uma estrela de davi ou outro qualquer).*

Com a caneta vazia ou a agulha, escreva no coração vermelho o nome completo de seu amor e, no coração branco, o seu próprio nome completo. Com lápis ou caneta, escreva sete vezes na fita branca o nome do seu amor e, na fita vermelha, sete vezes o seu nome.

Coloque os dois corações frente a frente. Amarre as duas fitas envolvendo os corações, com nó bem apertado. Feito isto, misture os pós e envolva na mistura os dois corações amarrados.

Numa sexta-feira de lua cheia, faça a entrega numa campina. A razão de entregar o trabalho de amarração nesta lua é que o resultado esperado é melhor, pois a simpatia recebe a força total da lua cheia.

No momento da entrega, solicite os préstimos da cigana Esmeralda, explicando o seu caso.

Estenda o lenço vermelho no chão. Coloque em cima as moedas e o botão de rosa. Abra o maço de cigarros, tire um, acenda e dê três baforadas em cima dos corações colocados ao lado do lenço. Coloque o amuleto em cima do lenço, deixe-o por um instante, acenda as velas em forma de coração e a vela cor de laranja para a cigana. Converse mais um pouco com ela, agradeça e reze três pai-nossos e três ave-marias. Antes de ir embora, solicite a permissão da cigana Esmeralda para levar o amuleto que irá usar diariamente. Espere o resultado confiantemente.

## Para as noivas, Salamandra ensina uma amarração

Você que é noiva mas o casamento é sempre protelado, e assim vai passando o tempo de data em data, Salamandra tem a fórmula para tirá-la desse desencanto. Você vai precisar do seguinte material:

*Um casal de bonecos de pano branco;*
*Mel;*
*Uma fita branca de comprimento igual à sua altura;*
*Uma fita azul de comprimento igual à altura dele;*
*Uma vela cor de laranja;*
*Uma imagem de Santo Antônio com 25 cm de altura;*
*Uma vela tipo Santo Antônio;*
*Uma hóstia (que você receba fazendo comunhão);*
*Pó de Casamento;*
*Pó de Desencanto;*
*Pó de Amarração;*
*Lápis ou caneta;*
*Água pura.*

Escreva o seu nome completo na boneca e o nome completo dele no boneco.

Numa sexta-feira de lua crescente, vá a uma igreja e faça a comunhão. Mas não engula a hóstia que receber: traga-a para casa inteira.

Molhe rapidamente os bonecos em água quente e não enxugue: deixe secar naturalmente. Feito isto, escreva o seu nome completo na fita branca, sete vezes, e o nome completo de seu noivo, também sete vezes, na fita azul. Coloque os bonecos de frente um para o outro, com a hóstia no meio, e amarre com as fitas dando sete nós bem apertados. A cada nó faça um pedido. Após ter amarrado os bonecos, coloque embaixo do seu colchão por sete dias. Depois retire a hóstia e coloque-a embaixo da imagem de Santo Antônio, que deve ficar dentro do seu quarto; acenda a vela tipo Santo Antônio, reze e solicite a ajuda do santo.

Passe bastante mel nos bonecos e coloque-os embaixo de uma árvore que tenha bastante flores ou frutos; no momento da entrega solicite a firmeza e a ajuda de Salamandra; reze para ela e acenda a vela cor de laranja; retire-se sem olhar para trás.

## PARA RESOLVER PROBLEMAS SÉRIOS DE RELACIONAMENTOS

## Como melhorar um relacionamento prejudicado por causa de alcoolismo

É comum desfazer-se um relacionamento amoroso por causa da bebida. Muitas mulheres desconhecem a maneira de proceder para que o seu namorado, noivo, esposo ou amante abandone esse vício terrível; e o mesmo é válido para o homem que enfrente esse problema com sua companheira. Assim, vamos relatar a maneira de proceder para conseguir a ajuda de Santo Onofre, padroeiro daqueles que têm o costume de ingerir bebida alcoólica exageradamente. O material necessário é o seguinte:

*Uma imagem de Santo Onofre de chumbo, oca, medindo 10 cm de altura;*
*Um pedaço de pano virgem, de tamanho suficiente para embrulhar a imagem;*
*Uma garrafa de cachaça;*
*Um copo virgem;*
*Um pedaço pequeno de papel branco (que caiba no oco da imagem);*
*Lápis ou caneta.*

Para começar, leve a imagem a três igrejas. Em cada uma, mergulhe-a na água benta. Sem enxugar, embrulhe-a no pano e leve-a para a igreja seguinte (ou para casa, após o terceiro benzimento). Feito isto, está tudo pronto para fazer a simpatia. Ela deverá ser começada na lua minguante, pois a força da lua está enfraquecida e será mais fácil obter o resultado satisfatório. Outro assunto importante é a questão do horário; para começar este trabalho, procure de todas as maneiras fazê-lo nas horas grandes: 6, 9, 12, 15 ou 18 horas em ponto.

Escreva no papel o nome completo da pessoa amada, sua idade, seu signo e sua residência. Feito isto, coloque o papel dentro da imagem. A seguir diga:

*Santo Onofre, meu (minha) companheiro(a) tem o vício da bebida, e de hoje em diante vou colocar sua imagem de cabeça para baixo dentro do copo, para você beber a bebida dele(a); e enquanto ele(a) não deixar de beber não o retirarei daí.*

Ponha a imagem de cabeça para baixo dentro do copo. Encha o copo com cachaça até a cintura da imagem. Ponha o copo em lugar seguro. Durante cada semana que passar, se a cachaça evaporar, vá repondo o que falta, sempre na mesma hora em que fez o trabalho na primeira vez.

Sempre que se completar cada semana, no mesmo dia da semana em que começou o trabalho, troque toda a cachaça do copo. Por exemplo, se começou a simpatia numa segunda-feira, troque a cachaça toda segunda-feira. Isso deve ser feito sempre na mesma hora em que foi feito o primeiro trabalho, e você deve repetir a oração feita da primeira vez.

O resultado logo começará a aparecer. Conforme o santo vai bebendo, seu amado vai deixando o vício. O mais comum é que o efeito apareça em sete semanas. Quando a pessoa amada parar de beber, liberte o santo e deixe-o na igreja onde você fez o primeiro benzimento da imagem. Solicite o perdão ao santo pela chantagem que você fez e reze três pai-nossos em agradecimento pela graça recebida.

## Patuá para que seu homem só consiga ter relações sexuais com você

Este amuleto não impede o homem de sair com outras mulheres, caso ele seja mulherengo. Mas ele não conseguirá ter relações sexuais com elas enquanto você estiver usando o patuá.

Você vai precisar do seguinte material:

*Uma toalhinha pequena, branca;*
*Um pedaço de pano vermelho medindo 5 x 10 cm;*
*Um metro de fita vermelha;*
*Um birro de macaco (pode ser obtido em lojas de artigos religiosos);*
*Pó Amansa-nego;*
*Pó Pega Homem;*
*Pó Agarradinho;*
*Pó Sedução;*
*Pó Gamação;*
*Pó União;*
*Pó Liga;*
*Um frasco de talco de sua preferência;*
*Caneta;*
*Agulha de costura;*
*Linha comum;*
*Tesoura.*

Faça um saquinho com o pano vermelho dobrado ao meio e costurado nas laterais, deixando uma abertura num dos lados.

Deixe a toalhinha perto da cama. Quando você tiver relações sexuais com seu amado, enxugue o membro dele com ela, colhendo o esperma do mesmo. Preste atenção: não se limpe na mesma toalha.

Depois, quando ele não estiver vendo, corte um pedacinho da parte que ficou molhada com o esperma. Esse pedaço deve ter um tamanho adequado para caber dentro do saquinho vermelho.

Escreva na fita o nome completo, a data de nascimento e o signo do seu homem. Dê no birro de macaco sete nós com a fita. Quando der cada nó, faça um dos sete pedidos seguintes:

*Primeiro pedido:* Fulano (nome completo), você só vai ter relações sexuais comigo.

*Segundo pedido:* Fulano (nome completo), você só se sentirá bem em minha casa (nome completo e endereço da dona da casa).

*Terceiro pedido:* Que Fulano (nome completo) longe de mim (nome completo) fique agoniado e desesperado.

*Quarto pedido:* Que Fulano (nome completo) perto de mim (nome completo) fique calmo, tranquilo e sossegado.

*Quinto pedido:* Que Fulano (nome completo) não consiga comer, beber nem dormir sem pensar em mim (nome completo).

*Sexto pedido:* Que Fulano (nome completo) sinta necessidade de ficar perto de mim (nome completo).

*Sétimo pedido:* Que Fulano (nome completo) longe de mim (nome completo) sofra que nem Cristo sofreu na cruz.

Feito isso, coloque dentro do saquinho o pedaço da toalha, o birro e um pouco de cada um dos pós.

Misture o restante dos pós no talco. Use-o após o banho, passando nas partes íntimas do corpo.

Costure a abertura do saquinho. O patuá só terá efeito quando for usado junto ao seu corpo. Por isso, ponha-o diariamente por dentro do sutiã, do lado esquerdo. Nas noites em que seu amado não vier dormir com você, coloque o patuá dentro da calcinha, bem na parte íntima, fazendo com que não consiga ter relação com outra mulher, pois, simbolicamente, o membro dele está em suas mãos.

## Como separar a amante do seu homem

Esta simpatia deve ser realizada na primeira sexta-feira de lua minguante num dos seguinte horários: 6, 12, 18 ou 24 horas em ponto. Quando chegar o momento escolhido, tudo deve estar pronto, somente faltando acender as velas.

O material necessário é o seguinte:

*Uma vela branca no formato de um boneco;*
*Uma vela branca no formato de uma boneca;*
*Pó de Nojo;*
*Pó de Aflição;*
*Pó de Briga;*
*Pó de Desunião;*
*Pó de Separação;*
*Pó de Confusão;*
*Pó de Derrota;*
*Pimenta-da-costa moída;*
*Sal grosso;*
*Duas fitas vermelhas, de um metro cada uma;*
*Um pedaço de papel qualquer;*
*Lápis ou caneta;*
*Uma base para as velas;*
*Cachaça.*

Antes de iniciar o trabalho, é necessário ter os seguintes dados: nome completo, data de nascimento e signo de seu homem e da amante dele.

A seguir, pense bem no que deseja pedir à pombagira. Escreva sete pedidos no papel, para não esquecê-los quando estiver fazendo a simpatia.

Misture os pós com a pimenta e o sal.

Vamos agora à maneira de realizar a simpatia. Primeiramente escreva o nome da mulher na vela em forma de boneca e, na vela em forma de boneco, o nome do homem. Em seguida, escreva sete vezes numa das fitas todos os dados do homem e, na outra fita, todos os dados da mulher.

Amarre a boneca com a fita em que estão os dados do homem e o boneco com a fita que tem os dados da mulher. Ao fazer cada amarração, dê sete nós e, em cada nó, faça um pedido, lendo o que escreveu no papel com antecedência. Repita os pedidos quando amarrar o boneco e a boneca.

Coloque os bonecos um de costas para o outro sobre a base. Espalhe os pós por cima. Feito isso, aguarde o horário escolhido. Nesse momento, acenda as velas e espere que queimem até o fim, deixando o fósforo usado dentro da base.

Junte tudo o que restou: fósforo, raspa das velas, cinzas, pó. Jogue num rio ou num vaso sanitário. Ao fazer isso, repita três vezes: "Salamandra, mostre sua força neste trabalho." Leve com você um pouco de cachaça para lavar as mãos, pois não adianta usar água e sabão.

Dentro de 21 dias os dois começam a se desentender, brigando cada vez mais, até chegar ao afastamento definitivo.

## Simpatia de Maria Padilha das Almas para que nenhuma mulher chegue perto do seu homem

Lembre-se, uma simpatia é tão forte quanto um trabalho espiritual realizado no terreiro. A diferença é que a simpatia é feita por você, apenas na irradiação da entidade. Já o trabalho no terreiro é executado diretamente pela entidade, no ambiente que possui maior poder de irradiação, concentração e vibração direta das entidades.

O material necessário para esta simpatia é o seguinte:

*Um pedaço de couro de lagarto;*
*Três ovos chocos;*
*Uma pedra de carvão;*
*Água pura;*
*Um copo virgem;*
*Um boneco de pano preto;*
*Um alfinete de cabeça (novo);*
*Um fio de cabelo de seu amado;*

*Um pouco do perfume que ele usa;*
*Cachaça;*
*Uma garrafa de sidra ou champanha;*
*Um maço de cigarros de boa qualidade;*
*Um botão de rosa vermelha;*
*Fósforos.*

### Primeira etapa

Numa segunda-feira de lua minguante, pegue a pedra de carvão, coloque no copo com água e deixe embaixo da sua cama, do lado esquerdo, até passar a noite de quarta-feira; na quinta-feira, retire o carvão e deixe secar. Usando o carvão como lápis, escreva nos ovos o nome completo dele e o seu nome também completo por cima, como mostra o desenho.

### Segunda etapa

Na sexta-feira, vá a uma encruzilhada de Exu (semelhante à mostrada no desenho), um pouco antes das 6, 12, 18 ou 24 horas. Um pouco antes da hora escolhida, jogue o perfume na parte íntima do boneco.

Quando chegar a hora exata escolhida, coloque o boneco no centro da encruzilhada. Enrole o fio de cabelo no alfinete e espete na parte íntima do boneco. Depois é só quebrar os três ovos chocos em cima do boneco e dizer:

*Maria Padilha das Almas, eu te pago, você me deve. Faça com que Fulano (nome completo) não consiga nada com outra mulher a não ser eu (nome completo). Que nenhuma outra mulher se interesse por ele.*

Terminado o despacho, não volte pelo mesmo caminho em que veio. Chegando em casa, lave as mãos com cachaça.

Esta simpatia dá resultado no período de 7 a 21 dias a contar da data da quebra dos ovos.

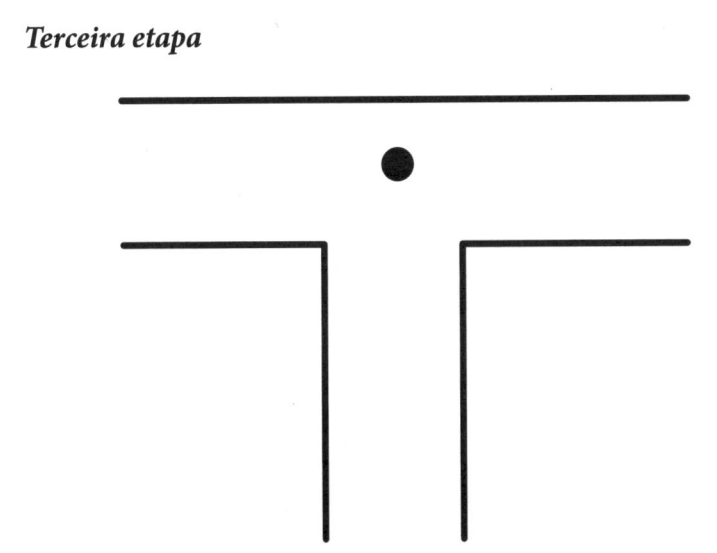

### Terceira etapa

Quando o resultado for obtido, faça o pagamento a Maria Padilha. Leve a bebida (sidra ou champanha), os cigarros e o botão de rosa a uma encruzilhada em forma de T e entregue o presente bem no meio da mesma.

## Amarre seu marido em casa

Se o seu marido gosta muito de sair de casa, vai a festas e você desconfia que ele tem alguma amante, experimente esta simpatia. Você vai precisar do seguinte material:

*Uma vela branca no formato de um homem;*
*Um pedaço de fita vermelha de comprimento igual à altura de seu marido;*
*Um pedaço de couro de lagarto;*
*Um punhado de pelos de gato preto;*
*Carvão;*
*Mirra;*
*Incenso;*
*Alfazema;*
*Comigo-ninguém-pode;*
*Espada-de-são-jorge;*
*Cachaça;*
*Fósforos;*
*Isca para acender carvão (a que costuma usar).*

Na lua cheia, numa segunda-feira, pegue a cueca que seu marido deixou para lavar, junte com a sua própria calcinha (também sem lavar) e amarre as duas peças com três nós. Lembre-se de que, para cada nó, você faz um pedido do que deseja.

Amarre o boneco de vela com a fita, dando três nós e repetindo os mesmos pedidos. Feito isto, embrulhe o boneco nas peças de roupa, junto com o couro de lagarto e o pelo de gato.

Coloque o trabalho embaixo do colchão por sete dias. Após esse período, retire somente as peças de roupa. Pode lavá-las e deixá-las prontas para o uso normal.

Deixe o boneco (com o couro e os pelos) por mais sete dias embaixo do colchão. Passado esse tempo, vire o colchão no sentido do comprimento, de modo que a parte que estava na cabeceira fique nos pés da cama. Deixe o boneco embaixo do colchão por mais sete dias.

Para finalizar o trabalho, tire o boneco do lugar e vire novamente o colchão, colocando-o na posição original. Corte o couro de lagarto em pedacinhos (assim ele vai queimar mais facilmente). Misture com o pelo de gato, mirra, incenso, alfazema, comigo-ninguém-pode e espada-de-são jorge. Ponha num incensório com carvão aceso e defume o colchão com a mistura. Após a defumação, lave as mãos com cachaça. Jogue os restos da defumação em água corrente e guarde a vela em um lugar bem escondido.

Terminada a simpatia, você notará que seu marido será outro homem, sendo mais dedicado em casa e sem vontade de sair para festinhas. Toda vez que notar algo diferente, ou seja, que ele deseja reiniciar as escapadas noturnas, repita esta simpatia que ele voltará à rotina, tranquilamente.

## Como afastar uma rival de seu bem-amado

Este trabalho envolve as forças espirituais, pois você terá que fazer amizade com uma alma.

### *Primeira etapa*

O material necessário para essa etapa será:

*Alguns ramos de flores, conforme a necessidade;*
*Alguns maços de velas brancas, no mesmo número dos ramos de flores;*
*Fósforos.*

Vá a um cemitério e procure, na parte por trás do cruzeiro, a tumba de uma moça virgem. De que forma você poderá imaginar a virgindade da mesma? Pela idade de seu falecimento, pois nas tumbas costumam colocar a idade da pessoa. No caso, ela não deve ultrapassar os 15 anos. Anote o nome da moça e o número da tumba, para poder achá-la sempre.

Você vai fazer várias visitas à tumba, levando sempre um ramo de flores e um maço de velas. Faça as visitas sempre na mesma hora.

Em primeiro lugar, você cumprimenta a falecida, pronunciando o nome dela, e diz que lhe trouxe um buquê de flores e um maço de velas brancas, que vai acender. Diz também que irá rezar para ela três pai-nossos e três ave-marias. Em seguida arrume as flores sobre o túmulo, acenda as velas e faça as orações. Feito isso, despeça-se e vá embora.

Esta será a maneira de se aproximar e fazer amizade, para depois você poder solicitar a sua ajuda. Você terá que fazer estas visitas até sentir que chegou o momento de solicitar os préstimos daquela alma.

## Segunda etapa

Agora que você já fez amizade e já pode fazer seu pedido, vamos ao trabalho. O material necessário será o seguinte:

*Uma cabeça de cobra (procure numa casa especializada; caso não encontre, não saia sem comprar nada: compre uma vela branca e peça para acender ali mesmo, oferecendo-a às almas benditas; proceda da mesma maneira em quantas lojas você for, até encontrar a cabeça de cobra);*
*Um copo virgem, de tamanho suficiente para abrigar a cabeça de cobra;*
*Cachaça;*
*Uma faca de ponta;*
*Sete pedaços de papel branco medindo cada um 3x3 cm;*
*Sete pedaços de papel do mesmo tamanho dos brancos, mas de outra cor;*
*Lápis ou caneta;*
*Um saquinho de pano ou papel.*

Coloque a cabeça de cobra dentro do copo e encha com cachaça. Deixe por três dias no sereno. Passado esse tempo, retire a cabeça do copo e, com a faca, procure abrir a boca da cobra, sem quebrar.

Escreva o nome completo do seu amado nos sete papéis brancos. Feito isto, enrole separadamente cada papel. Nos papéis de outra cor, você vai escrever o nome de sua rival e enrolar da mesma maneira.

Com a cabeça de cobra na mão, coloque o papel com o nome dele na boca da cobra e diga: "Fulano (nome completo), você não pode ver Fulana (nome completo) que será pé de briga."

Agora você coloca o papel com o nome dela e vai trançando com o papel com o nome dele e falando palavras de censura dirigidas à sua rival, repreendendo-a de todas as maneiras possíveis. Repita com todos os papéis, sempre trançando-os, um ofendendo o outro, até chegar no final. Feito isto, coloque a cabeça da cobra no saquinho e molhe com cachaça.

## *Terceira etapa*

O final do trabalho será levar o saquinho ao cemitério, em dia de lua minguante, no horário da sua primeira visita à jovem com quem fez amizade. O material necessário será o seguinte:

*Uma colher de metal;*
*Um ramo de flores;*
*Um maço de velas;*
*Fósforos;*
*Uma garrafa de cachaça;*
*Um abridor de garrafa (se não encontrar uma garrafa que não precise de abridor).*

Chegue no cemitério bem antes da hora marcada. Para começar, repita o ritual das outras visitas: cumprimente a moça, entregue-lhe as flores, acenda as velas e reze três pai-nossos e três ave-marias.

A seguir você diz: "Minha querida amiga, estou precisando dos seus préstimos espirituais. Faça com que o meu desejo seja realizado. Assim que eu conseguir, mandarei rezar uma missa em seu louvor."

Usando a colher, faça um buraco na terra no pé da tumba e enterre nele a cabeça de cobra. Depois abra a garrafa de cachaça e lave as mãos com ela. Deixe a colher e a garrafa (e o abridor, se tiver usado) no local.

Feito isto, dê três passos para trás, vire-se, agradeça e caminhe sem olhar para trás. Se o cemitério tiver dois portões, entre por um e saia por outro.

Depois desse dia, volte várias vezes ao cemitério, converse com a alma e explique como está a situação, sempre levando um agradinho. Quando seu pedido for atendido, mande rezar a missa que prometeu.

## Banquete para Maria Padilha das Almas e suas companheiras

Quando estiver necessitando dos préstimos de Maria Padilha das Almas, ofereça um banquete para ela e suas seis companheiras: Pombagira da Meia-Noite, Pombagira das Sete Encruzilhadas, Pombagira Sete Saias, Pombagira Sensual, Pombagira Menina e Pombagira Maria Mulambo. Maria Padilha é exigente: não faz por menos, pede banquete, e com todo o requinte de uma festa. Então você vai a uma encruzilhada onde entrega uma grande oferenda. Maria Padilha ficará radiante e tudo fará para que você alcance o que deseja. Mas vá acompanhada, pois em trabalho de encruzilhada nunca se vai só.

O material necessário é o seguinte:

*Uma toalha vermelha com uma barra de renda preta;*
*Sete velas vermelhas tipo pombagira;*
*Sete garrafas de sidra;*

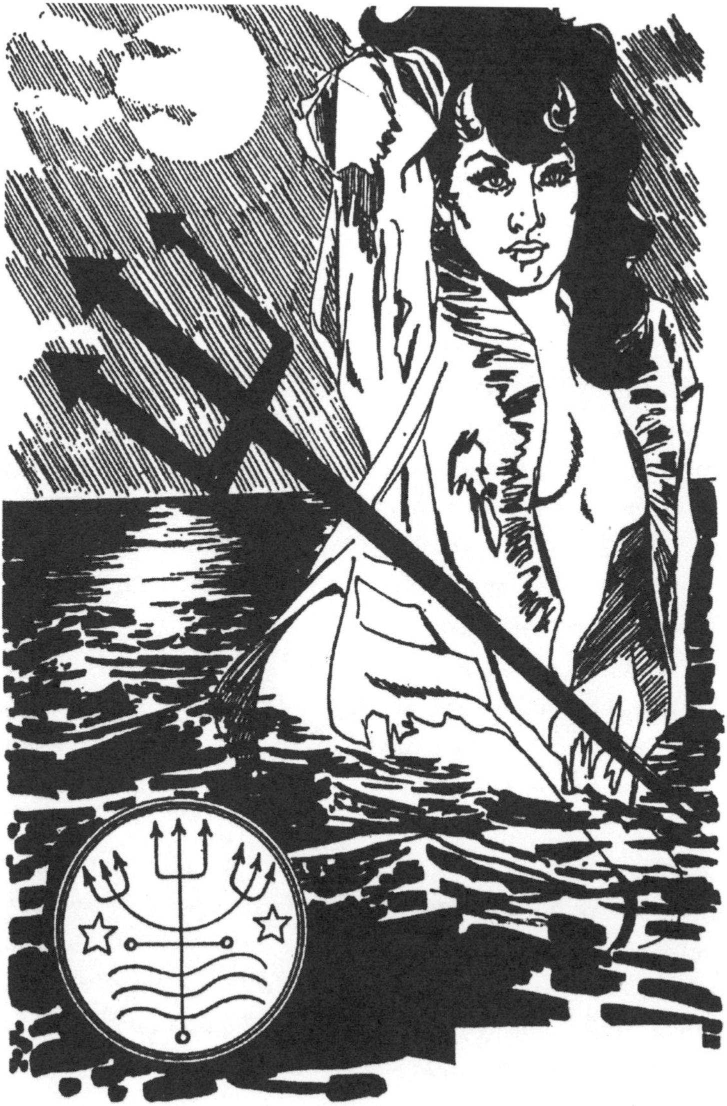

*Sete maços de cigarros de boa qualidade;*
*Sete botões de rosa vermelha;*
*Sete caixas de fósforos;*
*Sete bolinhos de carne moída crua, bem temperada, sem sal;*
*Sete fitas vermelhas de um metro cada;*
*Sete taças vermelhas;*
*Sete pratinhos de papelão;*
*Lápis ou caneta;*
*Abridor de garrafas.*

Escreva em cada fita o seu próprio nome e o da pessoa amada. Em seguida, amarre cada fita em uma das garrafas.

Leve todo o material para a encruzilhada escolhida: ela deve ter a forma de T. Aí você estende a toalha e começa a arrumar o banquete. Imagine que você está arrumando uma mesa redonda para sete pessoas. Você vai colocar a comida, a bebida e os acessórios diante do lugar em que cada conviva ficará. No fim, você terá feito um círculo com as oferendas para cada pombagira.

Comece acendendo a vela de Maria Padilha das Almas. Feita a primeira homenagem, explique sua situação à entidade e solicite os seus préstimos, pois você está oferecendo o banquete em pagamento do que deseja receber. Mencione quem vai tomar parte do banquete. Diga:

**Eu ofereço este presente de bom grado a Maria Padilha das Almas e suas companheiras, para que me ajudem a resolver meus problemas amorosos, que estão trancados devido a... (cite o motivo). Desta forma ofereço este banquete à senhora e suas companheiras Pombagira da Meia-Noite, Pombagira das Sete Encruzilhadas, Pombagira Sete Saias, Pombagira Sensual, Pombagira Menina e Pombagira Maria Mulambo.**

Agora complete a oferenda para Maria Padilha das Almas, arrumando os materiais na seguinte ordem: primeiro abra uma garrafa de sidra, encha uma taça e coloque sobre a toalha, tendo ao lado a garrafa aberta e um botão de rosa. Abra um maço de cigarros, acenda um, dê uma tragada e ponha sobre a toalha o maço com o cigarro aceso em cima. Por último coloque junto à bebida um pratinho com um dos bolinhos de carne.

Repita o mesmo procedimento para cada uma das seis companheiras de Maria Padilha das Almas. Assim, você vai oferecendo para cada pombagira, na mesma sequência da oração que fez, até fechar o círculo.

Tendo terminado a entrega, despeça-se com toda reverência. Bata a cabeça no chão (ajoelhada, curve-se até tocar o solo com a testa), levante-se, dê três passos para trás, vire-se e vá embora. Não olhe para os lados, siga em frente e não volte pelo mesmo caminho por onde veio.

## Garrafada afrodisíaca

As garrafadas milagrosas vêm sendo usadas através dos tempos desde a antiguidade. Afrodite, a Deusa do Amor da antiga Grécia, servia aos seus visitantes poções milagrosas; por este motivo denomina-se o estimulante sexual de *afrodisíaco*. Também no presente, costumam-se usar garrafadas afrodisíacas para a estimulação do corpo, para que os encontros amorosos tenham ótimos resultados na relação sexual.

Eis uma ótima garrafada denominada *Levanta-defunto*, que serve para ambos os sexos. Mas atenção: durante o período do tratamento, não se deve tomar outra bebida alcoólica, sob pena de não alcançar o resultado esperado.

O material necessário é o seguinte:

*Um litro de vinho branco;*
*Três pedaços de casca de catuaba;*

*Uma fava pixuri;*
*Uma noz-moscada;*
*Dois pedaços de canela;*
*Um pouco de mel (a gosto).*

Corte a fava pixuri, a noz-moscada, a canela e a catuaba em pedacinhos e coloque dentro do vinho junto com o mel. Leve ao fogo até ferver e deixe esfriar. Coloque numa garrafa esterilizada, tampe e enterre por três dias. Tome uma dose às refeições.

## Garrafada contra impotência

Você era potente e começou a notar fraqueza sexual, não conseguindo o seu objetivo? Consultou vários médicos e nenhum problema foi encontrado? Pode ter certeza de que você foi magiado. Faça uma análise de sua vida. Você deve ter abandonado uma namorada, companheira ou esposa. A vítima, não se conformando com a situação, apelou para a magia, visando deixar você impotente.

Lembre-se, a magia não escolhe idade, cor ou religião; e simpatia só se quebra com simpatia. Agora anote os ingredientes da solução para o seu caso:

*Uma fava pixuri;*
*Uma noz-moscada;*
*Um ovo de pata;*
*Um pouco de guaraná em pó;*
*Um pouco de mel;*
*Uma garrafa de vinho moscatel;*
*Todo o material do trabalho para desfazer feitiços.*

Comece a preparar a garrafada numa sexta-feira, de preferência na lua crescente, e nunca na lua minguante.

Antes de começar, siga os procedimentos descritos em *Como desfazer feitiços*.

A seguir, prepare a garrafada. Pique a fava pixuri e a noz-moscada; coloque junto com o vinho no liqüidificador e bata por alguns minutos. Passe para uma panela e deixe ferver por 15 minutos. Depois que esfriar, passe para uma garrafa desinfetada, feche bem, enrole num saco plástico e enterre por três dias, de sexta-feira a domingo.

Durante 21 dias, tome um cálice da garrafada antes das refeições. Nesse período, evite tomar outra bebida alcoólica, sob pena de não obter resultado favorável. Ao fim do período de tratamento, você será um homem normal.

## Garrafada pau para toda obra

Se você é normal e se sente desgastado pela rotina diária de serviço exaustivo, aqui vai uma receita para a recuperação de suas energias. Os ingredientes necessários são os seguintes:

*Um testículo de boi;*
*Sete ovos de codorna;*
*Uma fava pixuri;*
*Uma noz-moscada;*
*Uma garrafa de vinho moscatel;*
*Sal.*

Frite o testículo com uma pitada de sal. Depois corte em pedaços bem pequenos. Bata no liqüidificador junto com a fava pixuri e a noz-moscada picadas, os ovos de codorna e o vinho em quantidade suficiente para a mistura ficar líquida. Depois de retirar do liqüidificador, leve ao fogo para ferver por dez minutos.

Tome meio copo antes de deitar. Durante o tratamento, não tome bebida alcoólica.

# O HORÓSCOPO UMBANDISTA

Desde as mais antigas civilizações, o homem vem se dedicando à Astrologia. Fenícios, caldeus, babilônios e egípcios estudavam e praticavam a Astrologia nas plantações, colheitas, viagens e guerras.

É muito difícil elaborar um horóscopo individual completo. Para começar, dois indivíduos do mesmo signo, mas nascidos em horas diferentes, serão diferentes entre si. A variação continua em relação ao dia da semana, ao ano etc.

Para se fazer um horóscopo individual é necessário, em primeiro lugar, conhecer o ano do nascimento, para sabermos o planeta regente; para o mês há outro planeta regente, e ainda outros para o dia da semana e a hora. Vejamos, a título de exemplo, o caso de uma pessoa nascida no dia 3 de julho de 2007, às 2h20 da manhã. Olhando um calendário desse ano, veremos que 2007 começou numa segunda-feira e que o dia 3 de julho foi uma terça-feira. Consultando um manual de magia, verificaremos que, no dia 3 de julho, a hora de nascimento da pessoa cai na nona hora noturna. O mesmo manual contém uma tabela que permite descobrir o planeta regente de cada hora do dia e da noite, para cada dia da semana (no caso, uma terça-feira). Então teremos as seguintes regências para essa pessoa:

Planeta regente do ano: Lua (que rege as segundas-feiras).

Planeta regente do signo de Câncer: Lua.

Planeta regente da terça-feira: Marte.

Planeta regente das 2h20 do dia 3 de julho, caindo numa terça-feira: Júpiter.

E ainda não estamos falando das configurações do céu quando a pessoa nasceu, ou seja, das posições dos planetas e dos signos ao longo do céu, o que exige saber também o local exato onde a pessoa nasceu.

Felizmente, existe um conhecimento acumulado sobre a Astrologia que permite entender, embora de forma resumida, as principais tendências de uma pessoa de acordo com o signo sob o qual nasceu.

## OS SIGNOS DO ZODÍACO NA UMBANDA

Conforme o princípio que os rege, os signos se dividem em quatro grupos, e cada grupo de três signos corresponde a um elemento.

*Fogo: Áries, Leão, Sagitário.*
*Terra: Touro, Virgem, Capricórnio.*
*Ar: Gêmeos, Libra, Aquário.*
*Água: Câncer, Escorpião, Peixes.*

Conforme a polaridade, os signos se dividem em dois grupos:

*Ativos ou masculinos: Áries, Gêmeos, Leão, Libra, Sagitário, Aquário.*
*Receptivos ou femininos: Touro, Câncer, Virgem, Escorpião, Peixes, Capricórnio.*

Esses agrupamentos são importantes para definir os relacionamentos entre os signos, que veremos mais adiante.

A umbanda acrescentou, ao simbolismo da Astrologia, os orixás e as entidades ligados à regência de cada signo. A seguir, então, você encontrará um resumo das informações sobre cada um dos signos astrológicos, sob o ponto de vista da umbanda.

## Áries

*Período: de 21 de março a 19 de abril.*
*Orixá protetor: Ogum (São Jorge).*
*Número da sorte: 9.*
*Elemento: Fogo.*
*Planeta: Marte.*
*Metal: Ferro.*
*Pedra: Rubi.*
*Cor: Vermelho.*
*Colar de proteção: Vermelho e branco.*
*Vela: Vermelha e branca.*

Nas relações humanas, são compatíveis com as pessoas dos:

| Signos | Orixás ou entidades | Santos |
|---|---|---|
| Gêmeos | Ibeji | São Cosme e São Damião |
| Leão | Nanã Buruquê | Santa Ana |
| Sagitário | Pombagira | — |
| Aquário | Omolu | São Lázaro ou São Roque |

Os filhos de Ogum são na maioria arrojados, valentes e impulsivos. Desconhecem o perigo e a covardia. São lutadores natos e só estão satisfeitos quando no meio de uma disputa. Têm grande tendência ao militarismo, onde a sua carreira será brilhante.

O ariano nasceu líder para todos os setores da vida, e onde estiver será respeitado; suas ideias e projetos, aceitos sem muita discussão. O ariano, sendo impulsivo, está sujeito a sofrer acidentes. Gosta de esportes, luxo e viagens. Via de regra tem bom físico, com propensão a dores de cabeça e de estômago.

Sua vida promete durar, sendo homem, 75 anos, e, sendo mulher, 96.

## Touro

*Período: de 20 de abril a 20 de maio.*
*Orixá protetor: Xangô (São Jerônimo).*
*Número da sorte: 6.*
*Elemento: Terra.*
*Planeta: Vénus.*
*Metal: Cobre e ouro.*
*Pedra: Esmeralda, turquesa e coral.*
*Cor: Azul e cores claras.*
*Colar de proteção: Marrom ou marrom e branco.*
*Vela: Marrom.*

Nas relações humanas, são compatíveis com as pessoas dos:

| Signos | Orixás ou entidades | Santos |
|---|---|---|
| Câncer | Oxum | N. S. da Conceição |
| Virgem | Iansã | Santa Bárbara |
| Capricórnio | Oxalá | N. S. Jesus Cristo |
| Peixes | Iemanjá | N. S. da Conceição e N. S. dos Navegantes |

Os filhos de Xangô são desconfiados, calmos, conservadores, justiceiros e conquistadores. Via de regra são de natureza robusta e saudável; resistem bem às doenças e à fadiga. Embora sujeitos a dores de garganta, os maiores cantores são os filhos de Xangô. A sua vida amorosa é cheia e movimentada, de natureza agradável. Dão grande valor ao luxo e aos prazeres. São práticos na vida e deverão ter cuidado com excessos de confiança, para não serem enganados.

Sua vida promete durar, sendo homem, 64 anos, e, sendo mulher, 66.

## Gêmeos

*Período: de 21 de maio a 20 de junho.*
*Orixá protetor: Ibeji (São Cosme e São Damião).*
*Número da sorte: 5.*
*Elemento: Ar.*
*Planeta: Mercúrio.*
*Metal: Mercúrio.*

*Pedra: Topázio.*
*Cor: Cinza-claro e cores mescladas.*
*Colar de proteção: Rosa.*
*Vela: Rosa.*

Nas relações humanas, são compatíveis com as pessoas dos:

| Signos | Orixás ou entidades | Santos |
| --- | --- | --- |
| Áries | Ogum | São Jorge |
| Leão | Nanã Buruquê | Santa Ana |
| Libra | Oxosse | São Sebastião |
| Aquário | Omolu | São Lázaro ou São Roque |

Os filhos de Ibeji geralmente possuem mentalidade de criança. Procuram por todos os meios a maior facilidade de movimentação; levam uma vida pacata, e não são rancorosos. Sensíveis, são levados facilmente ao desânimo e ao pessimismo. Via de regra, têm traços delicados; raramente contraem doenças graves, porém estão sujeitos a doenças nervosas, do peito e dos pulmões.

Para que os filhos de Ibeji sintam-se satisfeitos, é necessário conviver no meio de pessoas alegres. Socialmente poderão ter grande sucesso devido ao seu encantamento.

Sua vida promete durar, sendo homem, 68 anos, e, sendo mulher, 62.

## Câncer

*Período: de 21 de junho a 22 de julho.*
*Orixá protetor: Oxum (N. S. da Conceição).*
*Número da sorte: 2.*
*Elemento: Água.*
*Planeta: Lua.*
*Metal: Prata.*
*Pedra: Diamante, esmeralda, pérola.*
*Cor: Branco e prateado.*
*Colar de proteção: Amarelo-ouro.*
*Vela: Amarela.*

Nas relações humanas, são compatíveis com as pessoas dos:

| Signos | Orixás ou entidades | Santos |
|---|---|---|
| Touro | Xangô | São Jerônimo |
| Escorpião | Exu | — |
| Virgem | Iansã | Santa Bárbara |
| Peixes | Iemanjá | N. S. da Conceição e N. S. dos Navegantes |

Os filhos de Oxum geralmente são muito apegados ao lar. Sua intuição é bastante aguçada, quase sempre prevendo acontecimentos futuros. Conhecem os verdadeiros amigos num simples trocar de palavras e, em sua existência, poderão contar nos dedos as pessoas de suas relações de amizade. Muito sentimentais, ofendem-se com a maior facilidade, mas têm a faculdade de não demonstrar seu sentimento ferido.

São talentosos, adaptam-se a qualquer trabalho, e quando o fazem procuram a máxima perfeição. Gostam de trabalhos manuais, onde a sua adaptação é rápida, e de trabalhos que possam ser administrados pelos outros. São vaidosos devido à sua adaptação em qualquer situação. Inclinam-se à meditação, à Astrologia e às ciências ocultas. Via de regra são de estatura mediana, com tendência para a obesidade. De maneira geral são pessoas doentias; seus pontos fracos são o estômago e o sistema nervoso. Gostam de viajar, pois são nômades por natureza.

Sua vida promete durar, sendo homem, 73 anos, e, sendo mulher, 70.

## Leão

*Período: de 23 de julho a 22 de agosto.*
*Orixá protetor: Nanã Buruquê (Santa Ana).*
*Número da sorte: 1.*
*Elemento: Fogo.*
*Planeta: Sol.*
*Metal: Ouro.*
*Pedras: As pedras de brilho fixo.*
*Cor: Vermelho, dourado, laranja.*
*Colar de proteção: Roxo.*
*Vela: Roxa.*

Nas relações humanas, são compatíveis com as pessoas dos:

| Signos | Orixás ou entidades | Santos |
|---|---|---|
| Áries | Ogum | São Jorge |
| Gêmeos | Ibeji | São Cosme e São Damião |
| Libra | Oxosse | São Sebastião |
| Sagitário | Pombagira | — |

Os filhos de Nanã Buruquê têm a capacidade de impor o respeito e serem respeitados. São dominadores por natureza, galgando altos postos na política. São generosos, mas orgulhosos ao extremo, a ponto de não saberem estender a mão em agradecimento. São suscetíveis à adulação, pois consideram justificados os elogios recebidos. Via de regra são de estatura robusta, e precisam ser, para poder suportar seu próprio temperamento. Estão sujeitos a doenças cardíacas e reumáticas em virtude da maneira de proceder.

Sua vida promete durar, sendo homem ou mulher, 71 anos.

## Virgem

*Período: de 23 de agosto a 22 de setembro.*
*Orixá protetor: Iansã.*
*Número da sorte: 5.*
*Elemento: Terra.*
*Planeta: Mercúrio.*

*Metal: Mercúrio.*
*Pedra: Topázio, granada.*
*Cor: Cinza e violeta.*
*Colar de proteção: Alaranjado e amarelo forte.*
*Vela: Amarela.*

Nas relações humanas, são compatíveis com as pessoas dos:

| Signos | Orixás ou entidades | Santos |
|---|---|---|
| Touro | Xangô | São Jerônimo |
| Câncer | Oxum | N. S. da Conceição |
| Escorpião | Exu | — |
| Capricórnio | Oxalá | N. S. Jesus Cristo |

Os filhos de Iansã são bastante volúveis. Gostam de honras e homenagens, mas não reconhecem o mérito em outras pessoas. São desconfiados e vivem em seu próprio mundo, não se importando com a opinião alheia. Na vida matrimonial, não são muito sinceros, pois sempre estão procurando novas aventuras. Via de regra de aparência delgada, esguia, com feições benfeitas. Raramente adoecem, mas devem ter cuidado com o aparelho digestivo e o sistema nervoso, para não se tornarem doentes crônicos.

Sua vida promete durar, sendo homem, 84 anos, e, sendo mulher, 77.

## Libra

*Período: de 23 de setembro a 22 de outubro.*
*Orixá protetor: Oxosse (São Sebastião).*
*Número da sorte: 6.*
*Elemento: Ar.*
*Planeta: Vénus.*
*Metal: Platina.*
*Pedra: Safira, esmeralda, coral.*
*Cor: Verde-claro, rosa, azul-claro.*
*Colar de proteção: Verde ou bicolor verde e branco.*
*Vela: Verde.*

Nas relações humanas, são compatíveis com as pessoas dos:

| Signos | Orixás ou entidades | Santos |
|---|---|---|
| Gêmeos | Ibeji | São Cosme e São Damião |
| Leão | Nanã Buruquê | Santa Ana |
| Sagitário | Pombagira | — |
| Aquário | Omolu | São Lázaro ou São Roque |

Os filhos de Oxosse são de natureza alegre, gostam de caçar, pescar, andar nos campos e nas matas. Valentes, não medindo o perigo que se apresenta, jamais recuam diante dele. Moderados em quase tudo, sabem gozar da riqueza quando a possuem. Suas respostas às vezes ferem profundamente. Hábeis em descobrir os defeitos alheios, zangam-se quando descobrem os seus. Dificilmente sua situação financeira entra em colapso. Via de regra têm aparência refinada. Levam uma vida social muito intensa. Sendo de constituição delicada, adoecem com facilidade. Poderão sofrer dos rins e da vesícula, além de ter cólicas renais e, na velhice, obesidade.

Sua vida promete durar, sendo homem, 77 anos, e, sendo mulher, 66.

## Escorpião

*Período: de 23 de outubro a 21 de novembro.*
*Orixá protetor: Exu (pertence à quimbanda).*
*Número da sorte: 9.*
*Elemento: Água.*
*Planeta: Plutão.*
*Metal: Ferro.*
*Pedra: Rubi.*
*Cor: Vermelho, preto e branco.*
*Colar de proteção: Vermelho e preto. Vela: Vermelha e preta.*

Nas relações humanas, são compatíveis com as pessoas dos:

| Signos | Orixás ou entidades | Santos |
|---|---|---|
| Câncer | Oxum | N. S. da Conceição |
| Virgem | Iansã | Santa Bárbara |
| Capricórnio | Oxalá | N. S. Jesus Cristo |
| Peixes | Iemanjá | N. S. dos Navegantes |

Os nascidos neste signo estão protegidos por uma entidade da quimbanda, o elemento da Magia Universal: Senhor Exu.

Os filhos de Escorpião estabelecem a sua própria lei. Com a mesma paixão amam e matam as pessoas de seu afeto. Jamais esquecem ou perdoam uma indelicadeza. Na sede de poder, lutam com todas as armas disponíveis, e quando conseguem o que queriam, jamais deixam escapar. Têm sorte com dinheiro; aliás, dinheiro é o seu principal objetivo na vida. No decorrer de sua existência, poucos amigos participam dela; não dão a mínima importância ao fato. Via de regra são saudáveis, de construção robusta, raramente glutões. Podem vir a sofrer do aparelho digestivo e bexiga.

Sua vida promete durar, sendo homem, 71 anos, e, sendo mulher, 72.

## Sagitário

*Período: de 22 de novembro a 21 de dezembro.*
*Orixá protetor: Pombagira, Mulher dos Sete Exus.*
*Número da sorte: 3.*
*Elemento: Fogo.*
*Planeta: Júpiter.*
*Metal: Estanho e cobre.*
*Pedra: Safira e rubi.*
*Cor: Vermelho e todas as tonalidades fortes.*
*Colar de proteção: Vermelho.*
*Vela: Vermelha.*

Nas relações humanas, são compatíveis com as pessoas dos:

| Signos | Orixás ou entidades | Santos |
| --- | --- | --- |
| Áries | Ogum | São Jorge |
| Leão | Nanã Buruquê | Santa Ana |
| Libra | Oxosse | São Sebastião |
| Aquário | Omolu | São Lázaro ou São Roque |

Os nascidos dentro deste signo estão protegidos por entidade da quimbanda, a Pombagira.

As pessoas deste signo são propensas ao ocultismo, tornando-se bons médiuns. São generosos, gostam de divertimentos, são independentes. Fazem com facilidade inimigos, aos quais gostam de desagradar.

Quanto aos homens, são um tanto afeminados, dependendo do ambiente em que se criaram. Amam os animais, principalmente o cão e o cavalo. Via de regra são pessoas altas, do tipo atlético, valentes, podendo exagerar a sua paixão nos esportes, onde correm grande perigo. Têm tendência a sofrer do fígado, de reumatismo e dores nos quadris.

Sua vida promete durar, sendo homem, 67 anos, e, sendo mulher, 77.

## Capricórnio

*Período: de 22 de dezembro a 19 de janeiro.*
*Orixá protetor: Oxalá (Nosso Senhor Jesus Cristo).*
*Número da sorte: 8.*
*Elemento: Terra.*
*Planeta: Saturno.*
*Metal: Chumbo e enxofre.*
*Pedra: Ônix e pedras escuras.*
*Cor: Preto, cinza e matizes escuros.*
*Colar de proteção: Branco.*
*Vela: Branca.*

Nas relações humanas, são compatíveis com as pessoas dos:

| Signos | Orixás ou entidades | Santos |
|---|---|---|
| Touro | Xangô | São Jerônimo |
| Virgem | Iansã | Santa Bárbara |
| Escorpião | Exu | — |
| Peixes | Iemanjá | N. S. da Conceição e N. S. dos Navegantes |

Os filhos de Oxalá são conselheiros natos e estão sujeitos a receber ingratidões no decorrer da existência. Persistentes em seus objetivos, principalmente no comércio e nas finanças. De temperamento retraído e desconfiado, jamais se abrem plenamente com alguém. São ambiciosos; devido a seu caráter poderão ter muitos inimigos. Seu maior desejo é serem reconhecidos, tanto que fazem questão de mostrar suas habilidades para receber elogios. Via de regra recuperam as forças quando adultos. Sua natureza é de batalhador. São ativos em decisões e geralmente conseguem seus objetivos.

Sua vida promete durar, sendo homem, 97 anos, e, sendo mulher, 69.

## Aquário

*Período: de 20 de janeiro a 18 de fevereiro.*
*Orixá protetor: Omolu (São Lázaro e São Roque).*
*Número da sorte: 4.*
*Elemento: Ar.*

*Planeta: Urano.*
*Metal: Alumínio e urânio.*
*Pedra: Safira e todas de cor azul e lilás escuro.*
*Cor: Azul-marinho.*
*Colar de proteção: Vermelho, preto e branco, estas cores na mesma guia.*
*Vela: Na quimbanda: Vermelha e preta; Na umbanda: Branca.*

Nas relações humanas, são compatíveis com as pessoas dos:

| Signos | Orixás ou entidades | Santos |
|---|---|---|
| Áries | Ogum | São Jorge |
| Gêmeos | Ibeji | São Cosme e São Damião |
| Libra | Oxosse | São Sebastião |
| Sagitário | Pombagira | — |

Os nascidos neste signo estão protegidos por uma entidade da quimbanda, que é um exu que não é pai de ninguém. Por isso denominamos de compadre o agente mágico universal.

Os filhos deste signo apresentam, na maioria dos casos, algum defeito físico. São sonhadores, gostam de viajar. Serão os primeiros passageiros para outros planetas. Quando nós estamos indo, eles estão de volta com a solução para o problema. Seus negócios devem ser feitos instantaneamente, pois tais pessoas são volúveis e mudam de pensar num piscar de olhos. Num estabelecimento comercial, o vendedor sofre ao atender a um aquariano, pois o empregado separa as encomendas solicitadas e o aquariano não vai buscá-las, já que mudou de ideia. Sentem atração especial para atender os fracos e doentes, e mesmo para ocupar cargos de assistência social. São de estatura mediana, não se amedrontam com doenças, futuro e situações difíceis. Sua voz é um tanto rouca, e numa conversação dificilmente seu pensamento está ligado ao assunto, pois o aquariano está cem anos à frente dos demais signos.

Sua vida promete durar, sendo homem, 68 anos, e, sendo mulher, 82.

## Peixes

*Período: de 19 de fevereiro a 20 de março.*
*Orixá protetor: Iemanjá.*
*Número da sorte: 7.*
*Elemento: Água.*
*Planeta: Netuno.*
*Metal: Estanho e rádio.*
*Pedra: Coral e turmalina.*
*Cor: Azul-claro.*
*Colar de proteção: Azul ou azul e branco.*
*Vela: Azul-clara.*

Nas relações humanas, são compatíveis com as pessoas dos:

| Signos | Orixás ou entidades | Santos |
| --- | --- | --- |
| Touro | Xangô | São Jerônimo, o Justiceiro |
| Câncer | Oxum | N. S. da Conceição |
| Escorpião | Exu | — |
| Peixes | Oxalá | N. S. Jesus Cristo |

Os filhos de Iemanjá são quase sempre sensíveis, emotivos, e ainda podem ter dupla personalidade. São metódicos, aceitam com revolta o seu destino e sentem fascinação por tudo que seja oculto.

Via de regra são de estatura delgada, esguios e têm propensão a gripes e resfriados. São amáveis porém vingativos, com tendência a realizar dois casamentos. A sua revolta interna é comparada às ondas do mar, num constante vaivém por toda a vida. Têm facilidade para tornar-se bons médiuns, gostam de música, pintura, flores e perfumes. Seu elemento é a água; entretanto têm certo receio do mar.

Sua vida promete durar, sendo homem, 67 anos, e, sendo mulher, 79.

## RELACIONAMENTO ENTRE OS NATIVOS DOS VÁRIOS SIGNOS

É de grande importância sabermos os signos que são favoráveis ao nosso, principalmente aquele que, por natureza, nos é prestativo, e também a quem nós prestamos serviço desinteressadamente, pois assim está escrito no universo zodiacal.

| O signo de: | Tem como servidor: | É servidor de: |
|---|---|---|
| Áries | Virgem | Escorpião |
| Touro | Libra | Sagitário |
| Gêmeos | Escorpião | Capricórnio |
| Câncer | Sagitário | Aquário |
| Leão | Capricórnio | Peixes |
| Virgem | Aquário | Áries |
| Libra | Peixes | Touro |
| Escorpião | Áries | Gêmeos |
| Sagitário | Touro | Câncer |
| Capricórnio | Gêmeos | Leão |
| Aquário | Câncer | Virgem |
| Peixes | Leão | Libra |

Estas observações são importantes em assuntos ligados a trabalho; nos cargos que exigem confiança total, quando convém levar em conta o signo de quem é nosso serviçal. Em questão amorosa a situação é completamente diferente. É necessária uma boa dose de tolerância.

# SEGREDOS DA NUMEROLOGIA

O dia do nascimento exerce grande influência no decorrer de nossa existência. Ele traz escritos do astral a nossa formação, o caráter, o talento, as vitórias, a pobreza, a riqueza etc., embora a influência seja mais atuante entre os 22 e os 50 anos de idade, período mais ativo de nossa vida.

Este relato segue os dias — de 1 a 31 — conforme o calendário do mês. Sua significação é a mesma para todos os meses, importando apenas o dia do seu nascimento.

## Dia 1

Se o dia do seu aniversário é o primeiro dia de qualquer mês, você é um pioneiro, um líder natural. Mas é inclinado a fazer adiamentos em suas tarefas e sempre procura desculpas com tanta realidade que chega a convencer outras pessoas. É influente e convence os outros a fazer determinada tarefa, em vez de fazê-la pessoalmente. É muito sensível, embora não dando demonstração no trabalho, onde é considerado orgulhoso e frio. Deve seguir várias ocupações, para preencher seus dias sem sentir tédio. Você poderá obter enorme sucesso abraçando as profissões de escritor, publicitário, analista, professor, vendedor, engenheiro ou outras ocupações que o levem diretamente ao público, pois, gostando de elogios, é a única maneira de apresentar seu trabalho, ser conhecido e receber palavras de simpatia que lhe servem de encorajamento.

## Dia 2

Se o seu aniversário é no dia 2, você é um diplomata nato, um pacificador. É sensível, emotivo; as pessoas confiam em você e solicitam a sua intervenção como se fosse um juiz. É talentoso, gosta de música, de tocar instrumentos e escrever poesias. Como diplomata, pode abraçar a política; também terá sucesso como analista, policial ou em atividades artísticas: pintura, música ou dança. É muito estimado por todos de sua comunidade; sendo de natureza bastante sensível, é profundamente amoroso, deseja e necessita de afeição, e deve lutar para vencer as periódicas tendências à depressão. Trabalha melhor em grupo ou numa grande firma, onde se sentirá à vontade no meio de novos amigos; prefere isso a trabalhar só e isolado das pessoas.

## Dia 3

Se o seu aniversário é no dia 3, você gosta de estar no meio de pessoas alegres e de muitos amigos, pois, tendo um ótimo senso de humor e sendo um bom anfitrião, é estimado por ambos os sexos, levando vantagens sobre os demais do seu grupo de amigos e admiradores. Pelo fato de ser um grande contador de histórias, você tem o dom da oratória, tendência para escrever, pintar e também para o teatro, pois só assim completa a sua felicidade. Sendo de espírito dinâmico, deve ter várias ocupações para não cair no vazio dos que nada fazem e, desta maneira, evitar o dissabor de se tornar um crítico impertinente e perder as amizades que lhe são caras. Com grande facilidade tira o melhor proveito até de situações difíceis, pois o seu lugar é no meio do público, como escritor, músico, propagandista, advogado, médico ou parapsicólogo, revelando sua alta sensibilidade para assuntos dessa natureza. É de constituição sadia e tem capacidade de se recuperar rapidamente de qualquer doença.

## Dia 4

Se o seu aniversário é no dia 4, seu mundo é o dos negócios; é prático, trabalhador e minucioso nas suas atividades; no trabalho poderá ter enorme sucesso como arquiteto, construtor, projetista, gerente de grandes firmas, contabilista ou em serviço do governo. Sendo de natureza amorosa, não demonstra o seu afeto com facilidade, tamanha é a sua preocupação com várias atividades que envolvem e enrolam a vida prática. Tem tendência à falta de tato e não gosta de modificações radicais. Deve aprender a se divertir para levar uma vida mais feliz.

## Dia 5

Se o seu aniversário é no dia 5, você pode ter sucesso em negócios ligados a corretagem ou como vendedor especializado em artigos de esportes e livros; também pode se dar bem como editor, químico e investigador. Deve ser tratável com o sexo oposto e tirar proveito das experiências recebidas; deve casar-se jovem a fim de estabilizar-se, mas terá dificuldades, já que não gosta de sentir-se preso; é amante das viagens e, quando o faz, considera-se livre como um pássaro. Sendo imaginativo, deve seguir seus impulsos e seus pressentimentos.

## Dia 6

Se o seu aniversário é no dia 6, você é sentimentalista por natureza, apegado ao lar e a sua comunidade, gosta de crianças, será pai ou mãe dedicado ao extremo. É perfeccionista, inclinado a ser um crítico severo. Deve assumir responsabilidades em todos os setores da vida e procura interessar-se por música que lhe dará conforto mental. Terá sucesso na pintura ou como dirigente de instituição de caridade, salão de beleza, floricultura, restaurante ou mercearia.

## Dia 7

Se o seu aniversário é no dia 7, você é individualista, pois tem a mente aguda e raciocina rapidamente. É muito sensível e deve seguir os seus pressentimentos. Seu casamento poderá não ter tido grande sucesso, se o cônjuge for nascido nos dias 15, 24 ou 26 de qualquer mês. Procure não associar-se em negócio algum para não ter decepção; pode ter sucesso como professor, cientista, escritor ou corretor. Cuidado com a sua teimosia, que poderá levar ao fracasso um ideal há muito sonhado.

## Dia 8

Se o seu aniversário é no dia 8, você é criativo e pertence ao mundo dos negócios, pois o número 8 é favorável às finanças; jamais passará necessidade se souber viver sem exageros e poupar para a velhice. Gosta de exibições em público, doando dinheiro para depois ouvir comentários sobre sua bondade e desprendimento. Também gosta de possuir coleções de antiguidades, selos e livros, mais para aparecer do que para fazer uso dos mesmos. Terá sucesso como executivo, contador, gerente de banco, engenheiro, diretor de colégio ou com sua própria empresa.

## Dia 9

Se o seu aniversário é no dia 9, você é humanitário. Todos o consideram o patriarca da comunidade, devido à sua generosidade. É um intelectual, pois deve alcançar sucesso em trabalhos literários, pintura, magistério, propaganda e conferências religiosas. Sua maior satisfação é servir às pessoas e levar uma vida simples, honesta e sem egoísmo algum. Deve evitar casar-se num ciclo de nove, pois o nove é um terminador e seu casamento pode terminar em separação. No decorrer da sua vida, poderão acontecer viagens e também poderá ter muitos desapontamentos com a separação ou o afastamento daqueles que ama.

## Dia 10

Se o seu aniversário é no dia 10, você é individualista, não gosta de receber ordens, deve estar na frente de seus próprios negócios. É um idealista e constantemente renova o seu ambiente de trabalho. É ciumento e pode sentir-se solitário em virtude de seu orgulho pessoal. É criativo e poderá seguir as profissões de professor, inventor, promotor, advogado, propagandista, aviador, vendedor. Não tem inclinação para assuntos domésticos e prefere não intervir neste mister. Devido ao seu orgulho, talvez não consiga realizar sozinho seus objetivos. Isto lhe causa grande desânimo, pois não gosta de pedir auxílio aos outros. Para não chegar a este extremo, você deve ter várias frentes de trabalho, assim poderá enfrentar a vida com altivez e satisfazer seu amor-próprio.

## Dia 11

Se você nasceu no dia 11, o dia dos mestres, sente-se bem ao estar em evidência diante do público: sua inspiração é fértil e você é prático. Deve evitar os sonhos de grandeza e tornar-se um realizador. Se o ambiente em que vive for propício, será um excelente conferencista, pois a tribuna é a sua casa. Inclina-se para a religião e poderá ser um sacerdote ou um conselheiro espiritual. Pode ter sucesso em várias atividades no ramo da diplomacia, eletricidade e literatura, já que é dotado de múltiplos talentos. Deve aprender a viver com humildade sob os refletores da fama, pois dessa maneira o reconhecimento de seus feitos será bem maior do que o esperado. Embora pareça calmo e senhor de si, é altamente tenso e seus projetos só serão realizados com bastante estímulo das pessoas que o cercam. Caso contrário, tudo irá por água abaixo. Seja moderado e não queira impor suas ideias aos outros. Sendo um líder nato, é só expor os motivos e colocar em pauta suas ideias, que serão bem recebidas. Evite o mercenarismo e a avareza, pois não será desta forma que a sua popularidade chegará ao auge. É emocional e exagerado em seus amores, e tenta impor aos outros seus padrões morais. Como agnóstico sofrerá se não aprender a viver com humildade.

**Dia 12**

Se o seu aniversário é no dia 12, você tem a mente aguçada, mas nota-se uma tendência rude ao falar, o que poderá causar inimizades. Tem grande possibilidade de ser um grande orador ou escritor, devido ao seu raciocínio rápido. É um excelente chefe de família, mas sempre demonstra o seu lado disciplinador com alguma severidade. Sendo extremamente severo, as profissões mais adequadas seriam as de criminalista, promotor e professor; também pode se dar bem em outras linhas de trabalho nas quais se manteria ocupado com menos gasto de energia: desenhista, farmacêutico, médico, promotor de vendas, salão de beleza, escola de etiqueta e costura. Na música você encontrará a verdadeira calma e sossego espiritual.

**Dia 13**

Se o seu aniversário é no dia 13, você é sistemático e prático em tudo que envolva trabalho, com tendência a impor ideias não aceitáveis e por isso ser chamado de insensato. É de natureza amorosa, mas sente dificuldade em expressar-se, parecendo timidez da sua parte; sendo muito ativo no trabalho, esquece os divertimentos e reuniões, onde as oportunidades são enormes. Sendo um trabalhador nato, seu sucesso está nas atividades de construção, mineração, arquitetura, geologia, eletricidade e mecânica; além dessas atividades, revela facilidade de adaptar-se em qualquer ramo de serviço.

## Dia 14

Se o seu aniversário é no dia 14, você é temperamental, versátil, praticamente um nômade, gostando de fazer mudanças periódicas, não sabendo bem o que mais lhe agrada, se as mudanças ou a movimentação do momento. Cuidado para não enveredar no caminho do vício, da bebida, do sexo, do jogo. Deve casar-se cedo para estabilizar sua vida tumultuada. É bondoso e profético, com tendências construtivas e destrutivas. Deve seguir seus impulsos em questão de trabalho, pois os campos que mais lhe favorecem são o de vendedor, corretagem e seguros. Outro campo é a medicina, especialista em olhos, garganta, nariz e ouvidos. Inclina-se a ter sorte no jogo egoísta de tentar a sorte, que às vezes pode lhe dar alegria e satisfação, mas todo cuidado é pouco, não confie demais na sua sorte.

## Dia 15

Se o seu aniversário é no dia 15, você adquire conhecimento através da observação, mais do que pela pesquisa, podendo ser um ótimo professor; deve ter sucesso financeiro no decorrer da sua existência, pois tem o dom de atrair condições favoráveis. É generoso e demonstra que é capaz dos maiores sacrifícios, aceitando a carga de pessoas de sua estima, mas também pode ser bastante teimoso em suas opiniões, nem sempre com razão. Você ama a vida familiar; será um ótimo pai. As mulheres deste dia são muito hábeis, boas cozinheiras, mas não seguem receitas. Têm inclinação para a música, canto e tocar instrumentos. No trabalho pode ter sucesso na medicina, desenho, enfermagem e magistério.

## Dia 16

Se o seu aniversário é no dia 16, você é muito psíquico e deve seguir os seus pressentimentos; seus sonhos são quase proféticos e de grande significação. Quase sempre é mal-humorado, já que não concorda com interferências em seus planos, mesmo que não esteja apoiado na verdade. Devido ao seu orgulho, inclina-se a ser um solitário, apesar de sentir falta de carinho e afeição. A vida no campo lhe proporciona melhor saúde e acalma seu sistema nervoso. A cor roxa lhe proporciona forças contra as condições negativas. Deve ter sucesso em trabalhos científicos ou como educador, advogado, metalúrgico, escritor ou editor.

## Dia 17

Se o seu aniversário é no dia 17, você até parece São Tomé, com tendência a só acreditar em fatos verificados com provas irrefutáveis. É honesto, mas implacável em seus negócios, já que o dia do seu nascimento é favorável para este mister; procure corrigir sua dualidade no modo de agir, pois num momento você é conservador, mas logo fica extravagante. É firme em sua opinião, raramente mudando de ideia. Nos negócios, sua melhor posição é comandando subordinados à sua disposição; será ótimo bancário ou, numa esfera mais ampla, chefe de departamento ou gerente. Seu sucesso também estará nas atividades de editor, advogado, corretor de imóveis, mineração e bibliotecário.

## Dia 18

Se você nasceu no dia 18, no decorrer de sua existência, terá altos e baixos, já que no seu modo de pensar só existe o seu engrandecimento, não incluindo os que o acompanham. Desta forma haverá perdas e mudanças até que aprenda a viver em comunidade. É intelectual, eficiente, requintado, conselheiro honesto e sensato. Procure pensar duas vezes antes de discutir, pois a razão nem sempre estará com você. A música lhe fará muito bem nos momentos de desânimo e talvez se torne o seu hobby favorito. Nas profissões poderá ter enorme possibilidade de sucesso como cirurgião, pois grandes coisas poderão acontecer se seguir a medicina; também se sairá bem em advocacia, arte dramática, política, crítica teatral, religião e estatística.

## Dia 19

Se o seu aniversário é no dia 19, você é muito independente, o que poderá causar dissabores no decorrer da sua existência; sofrendo, aprenderá a tirar proveito das situações difíceis. É nervoso, mas não alimenta rancor e perdoa com a maior facilidade. No casamento é muito dependente, sempre achando que algo lhe falta para completar sua felicidade. Gosta de mudança, sempre pensando no melhor; na sua profissão é excelente profissional, mais que homem de negócio; poderá ter sucesso na política, como vendedor, desenhista, aviador, eletricista, advogado, médico ou em mecânica especializada, tudo isso porque o número 19 inclui vibrações de todos os números, de 1 a 9, como efeitos de longo alcance. Como se vê, 19 é um número bem favorável para os nascidos nesta data.

## Dia 20

Se o seu aniversário é no dia 20, você poderá ser um excelente político ou progredir em trabalhos que envolvam serviço governamental. Sua tendência é trabalhar em pequenas empresas em vez de ter seu próprio negócio, pois sua satisfação é trabalhar para os outros. Poderá ser um grande diplomata, já que sua natureza é a de um grande pacificador. Mas também será um excelente cantor ou músico, pois adora esse tipo de profissão. É ligado ao lar e gosta muito de sua família. É de natureza fortemente amorosa; deve tomar muito cuidado para não ser dominado e virar um vassalo. As profissões mais favoráveis são de político, músico, escriturário, bibliotecário, cantor, compositor, colecionador e analista.

## Dia 21

Se o seu aniversário é no dia 21, você tem tanta energia que precisa tomar cuidado com seus empreendimentos, pois cuidar de muitos negócios exigirá esforço redobrado e o desgaste será mais que natural. Iniciar um trabalho e não terminar só causará prejuízos e aborrecimentos. É muito emotivo e sujeito a altos e baixos, devido a suas explosões nervosas. É melhor amigo do que cônjuge, só que muito impaciente e incerto de ser correspondido. Deve procurar ser confiante e a situação mudará para melhor. Sendo de natureza vibrante, poderá alcançar pleno sucesso como orador, advogado, jornalista, defensor das leis e também no terreno das artes e como executivo de grande projeção.

## Dia 22

Se o seu aniversário é no dia 22, você tem o dia favorável para o mundo dos negócios; é prático mas deve manter o equilíbrio emocional nos momentos mais críticos de sua vida. O seu poder é de longo alcance e desta forma deveria estar mais voltado para assuntos universais, deixando um pouco seus assuntos pessoais. Pode ser bem-sucedido em seus negócios. Sua natureza é tão profunda que em certos momentos você não acredita e não entende o que está acontecendo. Deve trabalhar diante do público. Inclina-se a contribuir para o bem da humanidade, e desta forma completa sua felicidade. Terá sucesso como embaixador, exportador, advogado, proprietário de cadeia de lojas e professor.

## Dia 23

Se o seu aniversário é no dia 23, você é um intelectual nato, e disso pode se orgulhar, pois pensa com rapidez e alto tirocínio, devendo seguir esse caminho profissional. Tem inclinação para a vida social e seu trato com pessoas do sexo oposto é bem melhor do que com elementos do próprio sexo. Você tem tendência para a psiquiatria, mas também pode se interessar por física e química. Nos afazeres profissionais, deve ser de alta projeção, pois necessita aparecer perante o público e assim se orgulhar de si próprio. Terá sucesso como professor, ator, escultor, enfermeiro e caixeiro-viajante.

## Dia 24

Se o seu aniversário é no dia 24, você pertence à família e às pessoas que ama: tem personalidade atraente e é desembaraçado, portanto deve falar pessoalmente, em vez de mandar recados; tem tendência a ser teimoso e irredutível em suas ideias, mas no íntimo é uma excelente pessoa. Sendo sentimental, é possível ser contratado para cuidar de pessoas enfermas ou idosas, pois revela aptidão para o trabalho hospitalar. Deve ter muito cuidado com os apelos negativos, tais como ciúme, preguiça e censura. Seu sucesso poderá ser nas profissões de enfermeiro, professor, médico, músico, cozinheiro, dono de restaurante e diretor de hospital.

## Dia 25

Se o seu aniversário é no dia 25, sua personalidade é dúbia e deve ser aprimorada para que se torne estável, possibilitando-lhe assim alto padrão de vida, sem prejuízos para os que fazem parte do seu círculo de amizades ou negócios. Não deve subestimar os outros nem a si próprio; procure refletir antes de tomar decisões; analise bem antes de dizer não a qualquer proposta que lhe seja apresentada; evite críticas sem devido conhecimento de cada caso; procure não ser extravagante. Os acessos de preguiça lhe tiram o ânimo para enfrentar qualquer obstáculo. Seja otimista e será um vencedor. Deve procurar viajar pelos campos ou fazendas, porque o silêncio lhe faz muito bem e acalma os nervos. Em seus trabalhos profissionais, poderá ter sucesso como professor, advogado, escritor, investigador policial, cientista ou político, já que para você nada permanece oculto.

## Dia 26

Se o seu aniversário é no dia 26, você é um bom executivo e deve entrar no ramo dos negócios. É escrupuloso, mas um tanto exibicionista. Deve casar cedo para ter maior estabilidade emocional. Está sujeito a altos e baixos em suas rendas, mas, sendo econômico, nunca chegará a conhecer necessidade extrema. Seja otimista e procure não viver do passado. O dia 26 é bom para as finanças, desde que seja criterioso e hábil analista antes de fechar qualquer tipo de contrato. Deve levar até o fim quaisquer empreitadas, jamais parar no meio do caminho, o que só lhe causaria prejuízos. Na profissão, terá sucesso como gerente de grandes firmas, contador, político, editor, advogado, regente de orquestra e agente de viagens.

## Dia 27

Se o seu aniversário é no dia 27, você é um líder nato e não gosta de dar satisfação de seus atos. Como todos os regidos pelo número 9 (2 + 7), não pode levar uma vida puramente pessoal, pois, sendo psíquico, inclina-se para os ensinamentos esotéricos e mediúnicos. Você é carinhoso e muito emotivo. Deverá tomar muita precaução no tocante aos seus nervos, e evitar exagero nos gastos. Deve ser paciente e compreensivo no casamento, para não sofrer desapontamentos, pois o ciclo (nove) pode trazer involuntariamente dissabores, sobretudo porque a felicidade conjugal necessita de uma boa dose de compreensão das partes envolvidas. Pode alcançar sucesso em trabalhos literários, principalmente em assuntos religiosos; também pode ser diplomata, poeta, professor, conferencista, artista e paisagista, e lidar com produtos de beleza, ações e imóveis.

## Dia 28

Se o seu aniversário é no dia 28, você é independente e tem muita força de vontade. Não mede sacrifícios para atingir seu objetivo. Deveria ser mais construtor e realizador do que sonhador, pois às vezes não termina a tarefa iniciada, com prejuízo pessoal. Também deve tomar muito cuidado para não perder o interesse no momento em que o sucesso estiver em suas mãos; uma boa oportunidade nem sempre se repete. Sendo independente, gosta da liberdade; esquecendo seus afazeres, sofrerá consequências futuras. Pode ter sucesso como professor, aviador, vendedor, engenheiro, cientista, advogado, publicitário e diretor de escola.

## Dia 29

Se você nasceu no dia 29, seu aniversário tem um dia muito forte, pois 2 + 9 somam 11, que é um número mestre. Sua capacidade dominadora logo será reconhecida. Pode voltar-se para o lado religioso, porque suas palavras equilibradas fazem de você um líder de sua comunidade. Deve procurar um interesse definitivo que o mantenha ocupado, evitando assim os sonhos extravagantes em prejuízo próprio e de pessoas de sua intimidade. Prefere muitos amigos casuais a uns poucos íntimos; sente-se melhor junto das multidões. Sendo muito independente, é difícil conviver com você na vida conjugal, apesar de sentir necessidade de carinho e amor familiar. Pode ter sucesso no magistério, aviação, rádio, eletricidade, oratória, venda de automóveis e alimentos.

## Dia 30

Se o seu aniversário é no dia 30, você é firme em sua opinião e tem qualidades para gerenciar, pois é mais inclinado para serviços que não exijam força física. Julga-se superior aos que o cercam. Procedendo desta maneira firme, julga estar absolutamente certo. Tem boa memória e imaginação fértil, mas deve tomar cuidado para não partir para o reino da fantasia, o que só lhe causará prejuízos e não o levará a lugar nenhum. Gosta de arte dramática e poderá trabalhar em teatro com relativo sucesso. Também pode se dar bem como locutor, professor, escritor e lidando com artigos de beleza, saúde e alimentos.

## Dia 31

Se o seu aniversário é no dia 31, você é prático e tem capacidade para qualquer tipo de negócio, pois não escolhe serviço. Deve casar cedo para firmar sua estabilidade social e financeira. É bondoso; jamais esquece favores recebidos, mas também não esquece injúrias sofridas, retribuindo aqueles e estas assim que se apresenta uma oportunidade. Gosta de viajar, mas sempre acompanhado, pois detesta estar ou viver sozinho. Define padrões para si próprio. Fica desapontado quando os mesmos fracassam, pois, no seu julgamento a vitória estaria em suas mãos. De teimosia nata, não se dá por vencido, pois é trabalhador e está sempre em busca do sucesso. É honesto, leal e econômico. Pode ter sucesso como farmacêutico, químico, empreiteiro, chefe de escritório, projetista, estenógrafo, militar e contador.

# OS GÊNIOS PROTETORES

De acordo com a antiga tradição, cada ser humano tem três bons espíritos guardiães: o anjo sagrado, o gênio do dia e o gênio da ação. O anjo sagrado é criado por Deus como contraparte celeste de cada ser humano: é o anjo da guarda pessoal, que nos acompanha desde o nascimento até a morte e, depois dela, por toda a vida eterna. O gênio da ação é o regente de cada atividade humana: a influência de um determinado gênio da ação é o que determina a vocação ou tendência do indivíduo para uma profissão ou um certo tipo de atividade. Os gênios dos dias são espíritos a quem Deus deu o governo dos dias do ano: eles emanam de Deus e agem como intermediários entre a Terra e a Esfera Divina. Cada pessoa recebe o auxílio e a influência do gênio regente do dia em que nasceu.

A tabela dos gênios dos dias começa no gênio regente do primeiro dia do ano mágico, que é a entrada do Sol no signo de Áries (20 de março). Os gênios são 72 e agem como intermediários entre a Terra e a Esfera Divina. Cada um rege cinco dias do ano. Isto dá um total de 360 dias. Os cinco dias restantes são regidos pelo Gênio da Humanidade. Encontre na lista abaixo seu gênio do dia, buscando a data do seu aniversário.

## DATAS REGIDAS POR CADA GÊNIO

1) *Vehuiah*: 20 de março, 1 de junho, 13 de agosto, 25 de outubro, 6 de janeiro
2) *Jeliel*: 21 de março, 2 de junho, 14 de agosto, 26 de outubro, 7 de janeiro
3) *Sitael*: 22 de março, 3 de junho, 15 de agosto, 27 de outubro, 8 de janeiro
4) *Elemiah*: 23 de março, 4 de junho, 16 de agosto, 28 de outubro, 9 de janeiro
5) *Mahasiah*: 24 de março, 5 de junho, 17 de agosto, 29 de outubro, 10 de janeiro
6) *Lelahel*: 25 de março, 6 de junho, 18 de agosto, 30 de outubro, 11 de janeiro
7) *Acaiah*: 26 de março, 7 de junho, 19 de agosto, 31 de outubro, 12 de janeiro
8) *Cahetmel*: 27 de março, 8 de junho, 20 de agosto, 1 de novembro, 13 de janeiro
9) *Haziel*: 28 de março, 9 de junho, 21 de agosto, 2 de novembro, 14 de janeiro
10) *Aladiah*: 29 de março, 10 de junho, 22 de agosto, 3 de novembro, de janeiro
11) *Laoviah*: 30 de março, 11 de junho, 23 de agosto, 4 de novembro, de janeiro
12) *Hahaiah*: 31 de março, 12 de junho, 24 de agosto, 5 de novembro, de janeiro
13) *Jezalel*: 1 de abril, 13 de junho, 25 de agosto, 6 de novembro, 18 de janeiro
14) *Mebahel*: 2 de abril, 14 de junho, 26 de agosto, 7 de novembro, 19 de janeiro
15) *Hariel*: 3 de abril, 15 de junho, 27 de agosto, 8 de novembro, 20 de janeiro

*16) Hakamiah*: 4 de abril, 16 de junho, 28 de agosto, 9 de novembro, de janeiro
*17) Lauviah*: 5 de abril, 17 de junho, 29 de agosto, 10 de novembro, de janeiro
*18) Caliel*: 6 de abril, 18 de junho, 30 de agosto, 11 de novembro, 23 de janeiro
*19) Leuviah*: 7 de abril, 19 de junho, 31 de agosto, 12 de novembro, 24 de janeiro
*20) Palmaliah*: 8 de abril, 20 de junho, 1 de setembro, 13 de novembro, 25 de janeiro
*21) Nelcael*: 9 de abril, 21 de junho, 2 de setembro, 14 de novembro, de janeiro
*22) Ieiael*: 10 de abril, 22 de junho, 3 de setembro, 15 de novembro, de janeiro
*23) Melahel*: 11 de abril, 23 de junho, 4 de setembro, 16 de novembro, 28 de janeiro
*24) Hahuiah*: 12 de abril, 24 de junho, 5 de setembro, 17 de novembro, 29 de janeiro
*25) Nithaiah*: 13 de abril, 25 de junho, 6 de setembro, 18 de novembro, 30 de janeiro
*26) Haaiah*: 14 de abril, 26 de junho, 7 de setembro, 19 de novembro, 31 de janeiro
*27) Ieratel*: 15 de abril, 27 de junho, 8 de setembro, 20 de novembro, 1 de fevereiros
*28) Seheiah*: 16 de abril, 28 de junho, 9 de setembro, 21 de novembro, 2 de fevereiro
*29) Reyel*: 17 de abril, 29 de junho, 10 de setembro, 22 de novembro, 3 de fevereiro
*30) Omael*: 18 de abril, 30 de junho, 11 de setembro, 23 de novembro, 4 de fevereiro
*31) Lecabel*: 19 de abril, 1 de julho, 12 de setembro, 24 de novembro, 5 de fevereiro

32) *Vassariah*: 20 de abril, 2 de julho, 13 de setembro, 25 de novembro, 6 de fevereiro
33) *Iehuiah*: 21 de abril, 3 de julho, 14 de setembro, 26 de novembro, 7 de fevereiro
34) *Lehahiah*: 22 de abril, 4 de julho, 15 de setembro, 27 de novembro, 8 de fevereiro
35) *Cavakiah*: 23 de abril, 5 de julho, 16 de setembro, 28 de novembro, 9 de fevereiro
36) *Menadel*: 24 de abril, 6 de julho, 17 de setembro, 29 de novembro, 10 de fevereiro
37) *Aniel*: 25 de abril, 7 de julho, 18 de setembro, 30 de novembro, de fevereiro
38) *Haamiah*: 26 de abril, 8 de julho, 19 de setembro, 1 de dezembro, de fevereiro
39) *Behael*: 27 de abril, 9 de julho, 20 de setembro, 2 de dezembro, de fevereiro
40) *Ieiazel*: 28 de abril, 10 de julho, 21 de setembro, 3 de dezembro, de fevereiro
41) *Hahahel*: 29 de abril, 11 de julho, 22 de setembro, 4 de dezembro, de fevereiro
42) *Micael*: 30 de abril, 12 de julho, 23 de setembro, 5 de dezembro, de fevereiro
43) *Veuahiah*: 1 de maio, 13 de julho, 24 de setembro, 6 de dezembro, 17 de fevereiro
44) *Ielahiah*: 2 de maio, 14 de julho, 25 de setembro, 7 de dezembro, de fevereiro
45) *Sealiah*: 3 de maio, 15 de julho, 26 de setembro, 8 de dezembro, de fevereiro
46) *Ariel*: 4 de maio, 16 de julho, 27 de setembro, 9 de dezembro, 20 de fevereiro
47) *Assaliah*: 5 de maio, 17 de julho, 28 de setembro, 10 de dezembro, 21 de fevereiro

48) *Mihael*: 6 de maio, 18 de julho, 29 de setembro, 11 de dezembro, de fevereiro
49) *Vehuel*: 7 de maio, 19 de julho, 30 de setembro, 12 de dezembro, de fevereiro
50) *Daniel*: 8 de maio, 20 de julho, 1 de outubro, 13 de dezembro, 24 de fevereiro
51) *Hahassiah*: 9 de maio, 21 de julho, 2 de outubro, 14 de dezembro, de fevereiro
52) *Imamiah*: 10 de maio, 22 de julho, 3 de outubro, 15 de dezembro, de fevereiro
53) *Nanael*: 11 de maio, 23 de julho, 4 de outubro, 16 de dezembro, de fevereiro
54) *Nithael*: 12 de maio, 24 de julho, 5 de outubro, 17 de dezembro, e 29 de fevereiro
55) *Mebahiah*: 13 de maio, 25 de julho, 6 de outubro, 18 de dezembro, 1 de março
56) *Poiel*: 14 de maio, 26 de julho, 7 de outubro, 19 de dezembro, 2 de março
57) *Nemamiah*: 15 de maio, 27 de julho, 8 de outubro, 20 de dezembro, 3 de março
58) *Ieialel*: 16 de maio, 28 de julho, 9 de outubro, 21 de dezembro, 4 de março
59) *Harahel*: 17 de maio, 29 de julho, 10 de outubro, 22 de dezembro, de março
60) *Mitsrael*: 18 de maio, 30 de julho, 11 de outubro, 23 de dezembro, de março
61) *Umabel*: 19 de maio, 31 de julho, 12 de outubro, 24 de dezembro, de março
62) *Iahel*: 20 de maio, 1 de agosto, 13 de outubro, 25 de dezembro, de março
63) *Anauel*: 21 de maio, 2 de agosto, 14 de outubro, 26 de dezembro, de março

64) *Mehiel*: 22 de maio, 3 de agosto, 15 de outubro, 27 de dezembro, 10 de março
65) *Damabiah*: 23 de maio, 4 de agosto, 16 de outubro, 28 de dezembro, 11 de março
66) *Manakel*: 24 de maio, 5 de agosto, 17 de outubro, 29 de dezembro, 12 de março
67) *Eiael*: 25 de maio, 6 de agosto, 18 de outubro, 30 de dezembro, 13 de março
68) *Habuhiah*: 26 de maio, 7 de agosto, 19 de outubro, 31 de dezembro, 14 de março
69) *Rochel*: 27 de maio, 8 de agosto, 20 de outubro, 1 de janeiro, 15 de março
70) *Jabamiah*: 28 de maio, 9 de agosto, 21 de outubro, 2 de janeiro, 16 de março
71) *Haiaiel*: 29 de maio, 10 de agosto, 22 de outubro, 3 de janeiro, 17 de março
72) *Mumiah*: 30 de maio, 11 de agosto, 23 de outubro, 4 de janeiro, 18 de março
*Gênio da Humanidade*: 31 de maio, 12 de agosto, 24 de outubro, 5 de janeiro, 19 de março

**A INFLUÊNCIA DOS GÊNIOS**

A tradição ensina que cada ser humano tem, do lado direito, um gênio bom e, do lado esquerdo, um gênio mau, e que ambos o acompanham durante toda a existência. Assim, temos o gênio que nos protege e o que procura nos desencaminhar. A luta entre o gênio bom e o gênio mau de cada um é contínua; um sairá vencedor desta demanda e é impossível saber de antemão qual será, devido ao livre-arbítrio que o ser humano recebe de Deus ao nascer.

Cada um segue o caminho que quiser: o do bem ou o do mal. O gênio bom procura proteger a pessoa; mas se ela se deixar levar pelo gênio mau, perderá essa proteção. Por isso, é importante que conheçamos as armadilhas que nosso gênio mau poderá colocar em nosso caminho, para que possamos nos defender delas.

Para que possa se mover com mais firmeza nesse assunto, você verá a seguir quais são as tendências que cada gênio do dia imprime em seus protegidos, e como se manifesta o gênio mau correspondente.

### 1) Vehuiah

Espírito sensível, muito talento, paixão pelas artes e ciências, executor de coisas difíceis. O anjo mau influi sobre os provocadores e os preguiçosos, levando ao desânimo e à derrota.

### 2) Jeliel

Espírito maneiroso com o sexo oposto, cortesia e paixão. O anjo negativo desune casais, provoca maus costumes e gosta do celibato.

### 3) Sitael

Espírito bondoso, inteligente, prudente e serviçal. Protege contra as disputas e intrigas, evita uso de armas e toda espécie de violência. O oposto é desleal, hipócrita e ingrato.

### 4) Elemiah

Espírito empreendedor, amante das viagens, auxilia a vencer os obstáculos e favorece o sucesso nas empresas; dá proteção quando o perigo se apresenta. O oposto é nocivo à sociedade, dá má educação e procura pôr obstáculo a qualquer realização.

## 5) Mahasiah

Espírito que domina as artes, filosofia e ciências ocultas, facilita nos estudos, dá caráter honesto e gosto dos prazeres sadios. O lado maligno domina a ignorância, a maldade e toda espécie de libertinagem.

## 6) Lelahel

Espírito de altas aspirações, dominando a fama, as ciências e a fortuna, procurando talento para chegar ao reconhecimento público. O gênio oposto é orgulhoso, ambicioso e procura conseguir fortuna por meios pouco recomendáveis.

## 7) Acaiah

Espírito bondoso e paciente, descobridor de assuntos que produzem luzes e engrandecimento; dá possibilidade de ser inventor. O lado oposto é descuidado, negligente e amigo da preguiça; é perigoso à sociedade.

## 8) Cahetmel

Espírito religioso, trabalhador honesto, influindo na produção agrícola e em outras atividades na natureza, como pesca e caça. O espírito contrário é nocivo às produções da terra e induz à mentira.

## 9) Haziel

Espírito religioso, cumpridor das obrigações; faz favores, é amigo fiel e dá proteção nos estudos e nas artes. O lado oposto domina o ódio e a falsidade, procura desunir e enganar seus semelhantes.

## 10) Aladiah

Espírito que influi na cura das doenças; dá boa saúde, protege os negócios e a felicidade em geral. É contra a raiva (hidrofobia) e as pestes. O oposto é prejudicial à saúde e aos negócios.

## 11) Laoviah

Espírito da lealdade, talentoso, de bom coração; protege dos raios, procura a fama e a celebridade. O gênio contrário leva à calúnia, ao crime, ao orgulho e à ambição.

## 12) Hahaiah

Espírito evolutivo que protege os sábios, dá alta espiritualidade, discrição e bons costumes; é leal e procura descobrir assuntos misteriosos. O contrário influi na mentira, dá indiscrição e é abusado.

## 13) Jezalel

Espírito amistoso, de fácil compreensão e reconciliação; boa memória e habilidade; fiel na vida conjugal. O gênio adverso é ignorante, mentiroso e tem aversão aos estudos.

## 14) Mebahel

Justiceiro, ama a liberdade e libera os oprimidos; protege os inocentes e gosta dos estudos relativos às leis criminais. O oposto é falso testemunho, caluniador em qualquer tipo de processo.

### 15) Hariel

Espírito dominador das ciências e artes, é generoso e de bons costumes. O gênio oposto é contrário aos bons costumes e provoca discórdia; é impiedoso e fundador de seitas perigosas.

### 16) Hakamiah

Protege os militares, é valente, tem caráter franco em questões de honra; fiel a seu juramento e extremamente apaixonado; resiste a seduções fáceis. O espírito contrário é falso, traidor, sedutor e provocador de discórdia, principalmente quanto a assuntos militares.

### 17) Lauviah

Espírito forte, dá ânimo contra a melancolia; propicia sono calmo e revelações em sonhos; produz descobertas, gosto pela música, literatura e poesia. Domina as ciências e proporciona grandes descobertas. O gênio oposto é de tendência má, alcoólatra, inimigo das crenças e religiões.

### 18) Caliel

Espírito da verdade, faz triunfar a inocência; é hábil nos trabalhos manuais, nas ciências e na magistratura; tem amor total pela justiça. O gênio oposto domina as intrigas, os escândalos; nas disputas judiciais procura tirar proveito financeiro e, sendo vil, faz a justiça declinar.

## 19) Leuviah

Espírito inteligente, memória fértil, torna a pessoa amável, modesta, paciente e resoluta. O contrário produz depravação, aflições, desespero, perda de amigos e sofrimento.

## 20) Palmaliah

Domina as religiões e a moral; inclina-se à castidade dando vocação para o sacerdócio. O oposto é libertino e renega as religiões.

## 21) Nelcael

Espírito defensor dos caluniados, influi sobre os sábios; dá persistência, honra, amor pela poesia e literatura. O contrário induz à ignorância, ódios, erros e preconceitos.

## 22) Ieiael

Espírito que conduz à fortuna, à diplomacia, a viagens marítimas; protege contra tempestades e naufrágios. Dá ideias liberais e caritativas. O gênio oposto domina a pirataria, corsários e traficantes.

## 23) Melahel

Defende das agressões, dá total segurança, protege em viagens. Induz ao destemor, à honradez; de natureza enérgica e amorosa. O gênio contrário é danoso à vegetação, procura produzir doenças e epidemias.

## 24) Hahuiah

Espírito que alimenta a misericórdia, protege contra ladrões e assassinos, procura a verdade no amor. O gênio contrário leva ao crime e a ações nefastas e ilícitas.

## 25) Nithaiah

Conduz à sabedoria e à ciência oculta. Dá revelações em sonhos e favorece os estudos e a prática da religião. O gênio oposto protege os perniciosos e praticantes de artes maléficas, principalmente a magia negra.

## 26) Haaiah

Espírito protetor da verdade, protege na política e em todas as convenções relacionadas com a paz. Tem influência em correspondência telegráfica e expedições secretas. O oposto influi nos conspiradores.

## 27) Ieratel

Espírito que favorece a posição social, protege contra os inimigos, ama a liberdade, a justiça, as ciências e a literatura. O gênio oposto favorece a intolerância, a escravidão e os conspiradores.

## 28) Seheiah

Gênio protetor contra as destruições e as enfermidades, dá longa vida e prudência. O espírito oposto domina sobre as catástrofes e os acidentes; anima os que agem sem a devida reflexão.

### 29) Reyel

Protege dos inimigos, domina a filosofia e a meditação, influi no amor e derruba as obras dos ímpios. O espírito contrário domina os fanáticos, hipócritas e inimigos da religião e da moral.

### 30) Omael

Espírito consolador, paciente; inspira a propagação dos seres vivos; influi sobre os médicos, químicos e cirurgiões. O espírito oposto é inimigo da propagação dos seres e é favorável às mortandades, especialmente aquelas de caráter monstruoso.

### 31) Lecabel

Espírito que domina sobre a agricultura e influi na Matemática, Geometria e Astronomia. Favorece o talento e proporciona ideias que poderão levar à riqueza. O oposto domina a usura e a avareza, influindo no enriquecimento ilícito.

### 32) Vassariah

Espírito de justiça e nobreza; influi na magistratura e na advocacia; é amável, modesto e dá boa memória. O gênio oposto domina todas as más qualidades do corpo e da alma.

### 33) Iehuiah

Protege contra os traidores e combate as conspirações; dá energia e influi no cumprimento do dever. O gênio contrário provoca revolta e proporciona meios financeiros para a destruição e seduções abjetas.

## 34) Lehahiah

Protege os governantes e os chefes de empresas, dando-lhes talento e dedicação ao trabalho; proporciona paz e harmonia. O oposto procura a discórdia, provoca guerras, traições e ruína total dos semelhantes.

## 35) Cavakiah

Espírito que domina as partilhas amigáveis em testamentos, procurando paz e harmonia familiar. O espírito contrário procura a discórdia, provoca processos duvidosos, é injusto e falso em tudo o que diz.

## 36) Menadel

Espírito protetor contra as calúnias, liberta os prisioneiros, restitui os exilados, dá notícias sobre pessoas distantes. O gênio contrário protege os fugitivos e os que querem fugir para terra distante a fim de escapar da justiça.

## 37) Aniel

Gênio que favorece a vitória, inspira os sábios, possibilita o domínio das ciências e das artes; revela segredos, é bondoso e alegre. O oposto é perverso, enganador, charlatão, perturbador da ordem pública.

## 38) Haamiah

Espírito que domina as religiões e protege os que procuram a verdade. O gênio oposto induz à mentira e ao erro, e é contrário a qualquer religião.

## 39) Behael

Espírito forte, proporciona longa vida, protege contra as doenças e é amoroso com os familiares. O gênio oposto é cruel, traiçoeiro, estimula infantilidades e parricidas.

## 40) Ieiazel

Gênio que favorece a imprensa, livrarias, homens de letras, artistas e ciências em geral. O gênio oposto domina as más influências do corpo e do espírito, alimenta total negativismo e irradiações maléficas.

## 41) Hahahel

Protetor das religiões, seus seguidores e missionários. Proporciona energia e grandeza de alma, a ponto de enfrentar os maiores suplícios, motivado por sua alta religiosidade. O oposto influi nos renegados, pseudossacerdotes e apóstatas.

## 42) Micael

Espírito protetor dos governantes; proporciona aptidões políticas, honras e popularidade, especialmente na alta diplomacia. O gênio contrário favorece os traidores, falsificadores, mentirosos e malévolos.

## 43) Veuahiah

Espírito que proporciona liberdade aos escravos, preside a paz e conduz à glória militar. O oposto provoca a discórdia, alimenta guerras, separações de estados, dissemina orgulho e paixões.

## 44) Ielahiah

Gênio que auxilia na vitória, ajuda nos processos difíceis e dá sucesso nas empresas. O oposto estimula a guerra, causa flagelos, incita a crueldade.

## 45) Sealiah

Espírito que proporciona a instrução; generoso, franco, valente, protege a vegetação, a saúde e tudo que respira. O gênio oposto domina as intempéries, provocando grandes calores ou frios, secas e grandes umidades.

## 46) Ariel

Espírito revelador de segredos e tesouros ocultos; dá sonhos com o que se deseja possuir e ajuda a resolver problemas difíceis. É prudente, de formação forte e sutil. O oposto é perturbador e imprudente, teimoso e desleal.

## 47) Assaliah

Espírito que confere caráter reto, honesto, sutil e agradável. Dá amor à justiça e favorece o sucesso. O gênio oposto é depravado, escandaloso, desonesto e imoral.

## 48) Mihael

Gênio que conduz à paz entre os casais e protege a fidelidade conjugal. Transmite ideias amorosas, favorece a geração dos seres, passeios e divertimentos. O oposto provoca a discórdia entre casais, ciúmes, insegurança, inquietações e luxúria.

## 49) Vehuel

Espírito protetor das grandes personagens; de caráter e alma sensível; dá amor à literatura e à diplomacia, é generoso, talentoso e fiel. O gênio contrário é hipócrita, egoísta, maldoso e infiel nos compromissos.

## 50) Daniel

Induz à misericórdia, é consolador; dá amor ao trabalho e à literatura, e gosto pela eloquência. O gênio oposto é parasita, desocupado e vive à custa de baixos expedientes.

## 51) Hahassiah

Gênio descobridor de mistérios, revelações de segredos da natureza. Domina a química e a medicina, gosta de música e da eloquência. O gênio contrário conduz os charlatões ao abuso da boa-fé de seus semelhantes.

## 52) Imamiah

Gênio que protege os prisioneiros e lhes inspira meios de obter a liberdade. Tem grande habilidade, é vigoroso, honesto e procura corrigir seus erros. O gênio oposto domina os orgulhosos, a malícia, é grosseiro, provocador e injusto.

## 53) Nanael

Espírito que influi nos professores, magistrados, oradores, advogados e sacerdotes; adota como normas a meditação, a privacidade e o repouso. O gênio oposto adota a ignorância, aprecia o que é pernicioso ao corpo e à alma.

## 54) Nithael

Gênio que domina sobre as altas personalidades civis, eclesiásticas e governantes; dá celebridade, eloquência e virtudes. Protege a estabilidade que mantém a paz e o progresso. O gênio oposto provoca desordens públicas, revoluções e quedas de governos.

## 55) Mebahiah

Gênio consolador que domina a moral e a religião, dá esperança, influi no cumprimento do dever; justiça e bondade. O gênio oposto é inimigo da verdade, da religião e da evolução da humanidade.

## 56) Poiel

Gênio que favorece a fortuna, moderação e talento; estima justiça e trabalho. O oposto é orgulhoso, tirano e ambicioso.

## 57) Nemamiah

Gênio da prosperidade, bravura, grandeza da alma, coragem; é pela paz e justiça. O oposto provoca traição, desarmonia, discussões entre pessoas.

## 58) Ieialel

Espírito consolador, cura as doenças, principalmente as dos olhos; domina o ferro e as pessoas que trabalham e negociam com ele. Confere bravura e paixão. O gênio oposto é provocador de cólera e influi sobre os maus e homicidas.

## 59) Harahel

Espírito que domina sobre as casas de câmbio, tesouros, fundos públicos, bibliotecas, imprensa, livrarias. Transmite amor e faz com que os filhos sejam submissos e respeitadores dos pais; é simpático, prestativo. O gênio oposto é fraudulento, produz ruínas e destruições por incêndio e é inimigo das verdades.

## 60) Mitsrael

Gênio que livra das perseguições, cura as enfermidades do espírito, domina pessoas ilustres que se distinguem por seus talentos e virtudes. Dá boa formação de corpo e alma e longa vida. O oposto é insubordinado, dando más qualidades físicas e morais.

## 61) Umabel

Espírito de caráter intrépido, inteligência, amizade, sensibilidade e prazeres honestos. O gênio oposto é da libertinagem e contra as boas coisas da natureza.

## 62) Iahel

Gênio que influi na sabedoria, filosofia, iluminação, solidão, tranquilidade, trabalho, honestidade, modéstia e moderação. O oposto é provocador, amante do escândalo e do luxo; inconstante, provoca desunião e divórcio.

## 63) Anauel

Espírito que protege contra os acidentes, cura e conserva a saúde, domina o comércio e converte os descrentes. É gênio sutil, crítico e aplicado. O oposto é de má conduta e conduz à loucura.

### 64) Mehiel

Gênio protetor contra os animais ferozes; protege os homens da ciência, oradores, professores, imprensa e livrarias. O gênio oposto influi sobre os falsos sábios, as controvérsias, disputas e críticas negativas.

### 65) Damabiah

Protege a sabedoria, dá bom êxito nas empresas, favorece a construção naval, marinheiros e pescadores. Domina rios, mares e expedições marítimas. O oposto provoca naufrágios, maremotos e tempestades; procura a companhia dos falsos e corruptos.

### 66) Manakel

Domina sobre a vegetação e os animais aquáticos; de caráter amável e sincero; influi no corpo e na alma, no sono e nos sonhos. O gênio oposto alimenta o mau caráter, os trapaceiros.

### 67) Eiael

Espírito consolador, dá sabedoria e conhecimentos de filosofia e altas ciências. Domina sobre as mudanças, a vida ao ar livre e a solidão. O oposto induz ao erro e a preconceitos; é infiel e charlatão.

### 68) Habuhiah

Espírito que domina sobre a agricultura e a fecundidade, protege a saúde, cura as doenças. O gênio oposto causa fome, provoca peste e insetos nocivos à produção agrícola, e também a esterilidade.

### 69) Rochel

Domina fama, fortuna e heranças, protege os magistrados e jurisconsultos, ajuda a achar objetos perdidos; é leal e justo. O gênio oposto provoca processos intermináveis, em prejuízo dos legítimos herdeiros, e ruína das famílias.

### 70) Jabamiah

Espírito que domina sobre os fenômenos da natureza; ampara os que querem regenerar-se e influi na sabedoria das pessoas sob sua influência. O gênio oposto domina o ateísmo e escritos perigosos. Alimenta disputa entre editores, livrarias e papéis de compromissos.

### 71) Haiaiel

Gênio que protege contra os opressores, facilitando a vitória; proporciona energia e coragem; influi nas fortificações e arsenais militares; é pela formação honesta, e despreza os intrigantes e falsos. O oposto domina sobre os traidores, os criminosos e a discórdia em geral.

### 72) Mumiah

Gênio que protege o sucesso nas empresas, domina a física, a química e a medicina, dá saúde e longa vida, proporciona bons conhecimentos das leis da natureza, favorecendo os médicos que se tornam célebres por curas maravilhosas. O gênio oposto provoca o desespero e o suicídio, é maldoso e indiferente ao sofrimento alheio.

## Gênio da Humanidade

É o conjunto de bons fluidos que envolvem o ser humano, proporcionando amor, justiça, bondade, prudência, inteligência e pacificação. Não tem aspecto negativo.

## ÚLTIMAS PALAVRAS

Aqui termina este livro.

Minha parte está feita: nele pus todo o meu conhecimento sobre a magia de amor e defesa que pode ajudar qualquer pessoa que deseje ter uma vida melhor, mais rica e feliz.

O próximo passo cabe a você: mãos à obra!

# O AUTOR

José Maria Bittencourt (1922 - 2001) nasceu na cidade de Curitiba, no Paraná. Presidente de vários terreiros e tendas de umbanda no Paraná, e presidente-fundador da Confederação Umbandista do Paraná, foi membro do Círculo de Escritores e Jornalistas de Umbanda do Brasil e do Conselho Nacional Deliberativo da Umbanda (Rio de Janeiro).

Foi diplomado com o Grau de Babalorixá pela Federação Espírita dos Cultos Africanos do Estado da Paraíba e com o Grau de Tata pela Confederação Umbandista do Paraná.

Recebeu ainda diplomas de Mérito Religioso do Ylé do Caboclo Arranca Toco (Rio de Janeiro) e do Centro Espírita Afonja-Alufan (Santa Catarina), e de Honra ao Mérito da União Espírita da Umbanda do Brasil (Rio de Janeiro) e do Supremo Órgão de Umbanda e Candomblé do Estado de São Paulo (Troféu Águia da Umbanda, 1979).

Foi também homenageado com Placas de Prata pela Tenda Zé Pilintra (Curitiba, 1979) e pela Confederação Umbandista do Paraná (1982).

Participou do III Congresso Brasileiro da Umbanda, como 2º vice-presidente (Rio de Janeiro, 15 a 21 de julho de 1973), do Congresso Catarinense de Umbanda (Santa Catarina, 10 de novembro de 1974), da I Concentração Anual do Conselho Nacional Deliberativo de Umbanda (Rio de Janeiro) e do I Congresso Paranaense de Umbanda (de que foi idealizador e realizador).

Também participou da conferência sobre reencarnação promovida pelo Canal 6 de TV (Curitiba, 22/09/1971), da conferência sobre umbanda na cidade de Joinville (29/05/1976) e da Noite de Iemanjá (União Espírita Santista, Santos, 11/08/1979).

Além do presente livro, é autor de *No reino dos exus* e *No reino dos Pretos-Velhos*, publicado por esta editora.

# O AUTOR

José Maria Bittencourt, nascido em 11/07/1922
Curitiba — Paraná

Este livro foi impresso em abril de 2018,
na Kunst Gráfica, em Petrópolis.
A família tipográfica utilizada é a Minion Pro. O papel de
miolo é o pólen bold 90g/m² e o de capa é o cartão 250g/m².